KB264400

붓다와의 위대한 하루

붓다와의 위대한 하루

고수유 지음

무한

누구나 위대한 하루를 꿈꾸기 마련입니다. 산악인이 세계 최고봉을 정복하는 날, 발명가가 세계적인 발명품을 만들어 낸 날, 피겨스케이트 선수가 올림픽에서 금메달을 목에 거는 날, 학자가 노벨상 시상식에 서는 날.

이와 함께 평범하게 살아가는 사람에게도 위대한 하루가 있습니다. 그 많은 것 가운데 세계적인 인물을 만나는 날은 틀림없이 위대한 하루가 될 것입니다.

평범하게 살아가는 저는 이 책을 통해 '붓다' 고타마 싯다르타를 만나는 위대한 하루를 그려 보았습니다. '붓다' 라는 말은 '깨달은 자' 라는 의미입니다. 인류의 위대한 각자(覺者)인 고타마 싯다르타는 인류를 껴안은 질문에 온몸을 내던졌던 사람입니다.

그가 살던 당시엔 수많은 수행자가 있었습니다. 그 수행자들은 하나같이 저 혼자 하늘나라에 가서 행복하게 살고자 했습니다. 그러나 싯다르타는 달랐습니다. 그는 중생의 생로병사의 고통을 바라보면서 그것을 곧 자신의 고통으로 껴안았습니다. 그는 저 혼자만 고통과 번민에서 벗어나고자 한 게 아니었습니다.

싯다르타는 중생 모두가 괴로움과 번민의 늪에서 벗어나기를 바랐습니

다. 그 과정에서 상상조차 할 수 없는 육체적, 정신적인 고통을 겪었고 마침내 그것을 이겨내기에 이르렀습니다. 그 결과 싯다르타에게는 해탈의 열매가 주어집니다.

해탈 혹은 깨달음을 추구하는 수행자는 예나 지금이나 수도 없이 많습니다. 어떤 수행자는 자신도 깨달음을 얻었다며 사방에 떠벌리고 다니기도 합니다. 어떤 수행자는 자신이 곧 우주라고 주장하고, 어떤 수행자는 골방 속의 자아도취에서 헤어나지 못합니다.

그러나 우리가 익히 알고 있듯이 붓다는 달랐습니다. 그의 해탈은 '중생 구제'에 목적이 있었습니다. 진정으로 붓다는 중생의 아픔을 가슴으로 껴안았던 영혼의 스승입니다.

저는 이 소설을 쓰면서 붓다 일대기를 기록한 여러 경전을 보았습니다. 거기에는 종종 마왕 파피야스가 등장합니다. 경전에서는 마왕이 외부에 존재하는 악마로 그려져 있지만, 제 개인적인 관점으로 볼 때는 마왕이 인간 내부에 잠재된 온갖 유혹과 갈등이 아닌가 여겨집니다. 마음속에서 꿈틀거리며 생생히 살아움직이고 있는 게 바로 마왕 파피야스입니다.

마왕 파피야스는 오늘도 당신에게 속삭입니다.

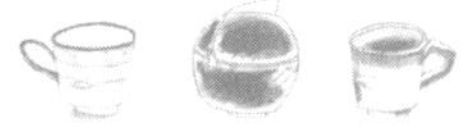

"해탈하겠다는 다짐을 잊어라. 그게 무슨 소용이 있는가? 그대의 인생은 한순간일 뿐, 권세와 명예와 부를 마음껏 누리라."

마왕 파피야스가 수행 중인 붓다가에게 보냈던 아름다운 세 딸도 속삭입니다.

"젊음은 한번 가면 오지 않는 것, 우리 함께 육체의 쾌락을 즐겨요."

이처럼 마왕과 그의 세 딸은 현재 우리에게도 여전히 살아 꿈틀거리는 욕망임에 틀림없습니다. 싯다르타는 이 들불 같은 욕망의 유혹을 온몸이 찢겨지는 고통 속에서 이겨냈습니다. 이런 점에서 이 소설에 등장하는 마왕은 우리 내부에 잠재된 욕망이라는 것을 알아차려야 할 것입니다.

저는 이 소설에서 저의 모습을 꾸밈없이 드러내고자 했습니다. '나'는 젊은 날의 패배의식을 극복하고 이 사회에서 인정받는 구성원으로 편입되고자 끊임없이 노력합니다. 그런 나에게 쉽게 극복할 수 없는 치명적인 위기가 닥쳐옵니다.

이런 나에게 붓다가 나타납니다. 붓다는 불교 사상이 총망라되어 있는 『반야심경』을 설명해 주면서 인생에서 위기를 극복할 수 있는 지혜와 용기를 줍니다. 이 경전을 한 자 한 자 풀고 이해하며 나는 조금씩 인생의 진정한

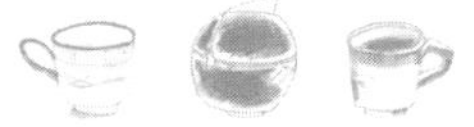

의미를 깨닫게 됩니다.

色不異空 空不異色 色卽是空 空卽是色
색불이공 공불이색 색즉시공 공즉시색

인생과 세상, 우주는 본래 '공(空)'이자 '색(色)'이라는 사실을 알게 됩니다. 공만도 아니고 색만도 아니기에 현재 나는 새로운 마음으로 살아갈 수 있습니다.

이 부분에 대한 이야기는 소설을 읽어가면 쉽게 이해할 수 있을 것입니다. 그런 한편 교양 욕구가 큰 독자들을 위해 다소 어려운 관련 과학 지식도 소개해 두었으니 살펴보기 바랍니다.

이 책 한 권이 『반야심경』에 대한 해설서로도 손색이 없을 거라 의심치 않습니다.

마지막으로 『비유경』의 한 구절을 소개하겠습니다. 세기의 문호 톨스토이가 불교 경전에서 유독 가슴에 와 닿았다는 구절입니다. 이 구절을 함께 읽으며 펜을 놓을까 합니다.

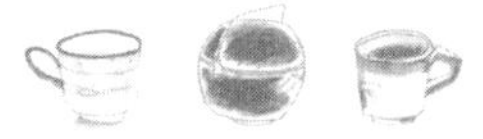

어떤 사람이 미친 코끼리에게 쫓겨 광야를 헤매다가 옛 우물을 발견하고 그 속으로 들어갔다. 마침 그 우물 아래로 등나무 줄기가 뻗어 있어서 그는 거기에 매달려 숨길 수 있었다.

하지만 머리 위를 보니 검은 쥐와 흰 쥐가 번갈아가며 그 등나무 줄기를 갉아 먹고 있었고 우물 벽에는 독사 네 마리가 혀를 날름거리고 있었다. 우물 바닥에는 한 괴물이 있어 그가 떨어지기만을 기다리며 노려보고 있었다. 그는 공포에 질려 어찌할 줄을 몰랐다.

그때 등나무 줄기 위에 벌들이 바쁘게 날아다니다가 다섯 방울의 꿀을 그의 입에 떨어뜨렸다. 이 꿀맛이 너무나도 좋은 나머지 그는 그만 모든 걸 잊고 말았다. 광야에서는 지금 들불이 맹렬히 번져 등나무에 막 옮겨 붙고 있는 중이었는데도 말이다.

The Great Day
With
Buddha

Part 1

마지막 강의

"『월든』의 저자 소로우는 1845년 여름부터 1847년 가을까지 2년 2개월 간, 미국의 '월든'이라는 호숫가 숲 속에 집 한 채를 손수 지어 홀로 지냈다. 이 책은 숲 속에서의 삶을 계절의 변화에 따라 재구성한 것으로……."

발표 학생이 발표 과제물을 따라 읽어 나갔다. 강의실에 있는 학생들은 더운지 연신 손으로 부채질을 해댔다. 일찍 찾아온 더위였다.

"소로우는 『월든』에서 공자와 맹자, 힌두교와 브라만교에서 조로아스터 교의 내용까지 아우르고 있다. 그가 말하고자 하는 것은 행복한 삶을 살기 위한 실천적인 방법이다. …… 이렇게 해서 『월든』은 200여 년이 지난 지금 에 와서 더욱 주목받고 있다. 『월든』은 지친 현대인에게 정신적 위안을 주는 것과 함께 깊은 내면의 소리에 귀기울 수 있게 하는 촉매역할을 한다."

학생의 말이 끝났다.

"발표 잘 했습니다."

내 말이 떨어지자 학생의 표정이 밝아졌다.

"이번에 발표한 학생의 글은 아주 안정되어 있군요. 서론, 본론, 결론으로 구성이 잘 되었고, 논지의 일관성이 잘 유지되고 있습니다. 이 정도면 앞으로 리포트 걱정은 안 해도 될 거라고 생각합니다."

학생이 제 자리로 돌아갔다.

"다음 발표할 학생 없습니까?"

잠잠하다. 오늘 발표하기로 한 학생이 아직 두 명은 더 남았다. 시계를 보니 10분 정도 시간이 남았다.

"오늘 강의 시간이 얼마 안 남았군요. 발표는 이것으로 끝마치겠습니다. 발표를 못한 학생은 연구실로 와서 과제물을 내주세요. 여러분 그동안 강의를 잘 들어주서서 감사합니다. 여름 방학에는 좋은 추억을 많이 만들기 바랍니다."

강의가 끝났다. 다음 주에 기말고사가 끝나면 이번 학기 강의, 아니 나의 강의가 모두 끝난다. 비정규직법 때문이었다. 비정규직법이 적용되면서 대학 강사들은 2년 이상 강의를 할 수 없게 되었다.

내가 강의를 할 때만 하더라도 5~6년씩 강의하던 강사들이 꽤 있었다. 하지만 이번 비정규직법으로 인해 다들 강단에서 떠나게 되었다. 나는 2년

반을 채우고 강의를 그만두게 되었다.

처음 강의할 때만 하더라도 5~6년은 강의할 수 있을 줄 알았다. 그 사이 박사학위를 마치고, 모교 교수 자리가 날 때까지 지원해 볼 생각이었다.

그런데 하루아침에 일자리를 잃게 되니 충격이 적지 않았다. 학생들에게 "교수님"이라는 칭호를 들으며 교정을 밟던 내가 '실직자' 신분으로 전락하고 만 것이다. 하루하루가 우울해지기 시작했다. 타교 강사 자리는 지도교수가 소개해주어야 얻을 수 있다. 하지만 내 지도교수는 등짐을 진 채 고개를 돌려 버렸다. 그 일만 없었다면 지금 이런 신세가 되지 않았을 것이다.

그 일이란 내가 지도교수의 금품수수비리를 국가인권위원회에 제보한 것이다. 박사 과정을 밟고 있는 한 여자 선배가 내게 말했다.

"나 지금 J교수한테 300만 원 주고 오는 길이야."

"그게 무슨 말인가요?"

"저번에 나 학술 대회 때 논문 발표했잖아. 그때 논문 학술지원금을 받았는데, 그 돈을 교수님이 갖다 바치라고 한 거야."

"그 논문은 선배가 썼으니까 선배가 학술지원금을 받으셔야죠."

"어떡하겠어. 돈 달라는데 안 줬다가 무슨 일을 당할지 알 수 없잖아?"

그 후론 책이 제대로 눈에 들어오지 않았다. 지도교수에 대한 분노가 치밀었다. 그렇게 한 학기가 지날 무렵 나는 술에 취한 채 그 일을 국가인권위원회에 제보하고 말았다. 그로부터 난 한번도 지도교수를 찾아간 적이 없었다. 강의를 맡게 된 후 지금까지 2년 반 동안.

난 완전히 모교에서 버려졌다. 20여 년을 학부에서 석사, 박사수료까지 거치며 모교에서 보냈다. 이제 내 앞에 텅 빈 하늘이 쏟아져 내려올 뿐이다.

'사막에 홀로 버려진 느낌이야!'

무거운 발걸음을 옮기며 복도를 걸어 나왔다.

"교수님!"

고개를 돌려 보니 강의를 듣던 여학생이었다.

"오늘 발표 못해서 죄송해요. 이제야 과제를 다 했어요."

나는 그 과제물을 받고, 잘 검토하겠다고 말했다.

"요번 학기엔 학과에 일이 많아서 강의에 잘 들어오지 못했어요. 그동안 감사했습니다."

여학생이 웃는다. 나도 따라 웃는다. 다시 발길을 돌려 계단을 향해 걸어 간다. 복도며 계단에는 학생들로 복작거린다. 언제나 학생들을 보면 흥이 났다. 하지만 오늘은 표정 관리가 잘 되지 않는다. 학기가 시작된 3월부터 서서히 우울해지기 시작하더니, 요즘엔 자주 눈물을 글썽이기까지 한다. 학생들의 활기찬 모습을 보니 내 신세가 더 처량해지는 것 같았다.

연구실이 있는 층까지 내려와 복도를 걷는다. 다른 건물로 이어지는 현관 문에서 눈부시게 햇살이 쏟아져 내려온다. 교정의 저 햇살, 저 바람이 내 고향처럼 안락하다. 하지만 이 시간부터 나는 더 이상 모교 강단에 서지 못한다.

연구실 문을 열고 안으로 들어선다. 안에는 아무도 없다. 한때 바글바글 거리던 적이 있었다. 5년이라는 시간이 흘러가는 동안 석사 과정의 후배들은 다들 사회로 떠나갔다. 박사 과정을 수료한 강사들의 자리만 남았다. 강의를 마치자마자 돈벌이 하러 황급히 발길을 돌렸다.

자리에 앉았다. 오늘 받은 과제물은 옆 책상에, 출석부는 내 책상 왼편 책더미 위에 놓았다. 오른편 유리창으로 햇살의 온기가 전해진다. 그쪽으로 15분 정도만 걸어가면 한강이 나온다.

여름 외투 주머니에서 진동음이 들린다. 핸드폰을 꺼내 문자를 확인한다. 두 눈이 휘둥그레진다.

홍진우 씨, 당신을 뵙고 싶습니다. 학교 앞 스타벅스에서 1시 반에 뵙겠습니다. －붓다

누구지? 나는 이 시간에 약속을 잡은 적이 없었다. 특히 문자를 보낸 사람의 이름이 놀라움을 불러일으켰다.

'어쩌면 내 강의를 들었던 학생이 장난치는 건 아닐까?'

하지만 지금껏 그런 적은 한번도 없었다. 더욱이 성적 발표가 나기도 전에 이런 짓을 할 바보는 없다. 시계를 보니, 어느새 1시 10분을 넘어서고 있었다. 누군지 모르지만 내가 11시에서 12시까지 강의를 한다는 사실을 잘 알고 있는 듯했다. 학교 앞 스타벅스까지는 10분 남짓이면 갈 수 있다.

'어쩌면 의뢰인이 아닐까?'

나는 외투는 벗어 두고 반팔티 차림으로 문을 나섰다.

The Great Day
With
Buddha

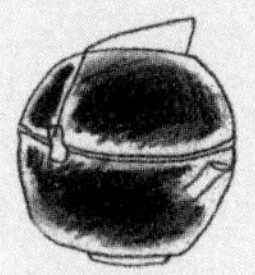

Part 2

스타벅스에서
붓다를 만나다

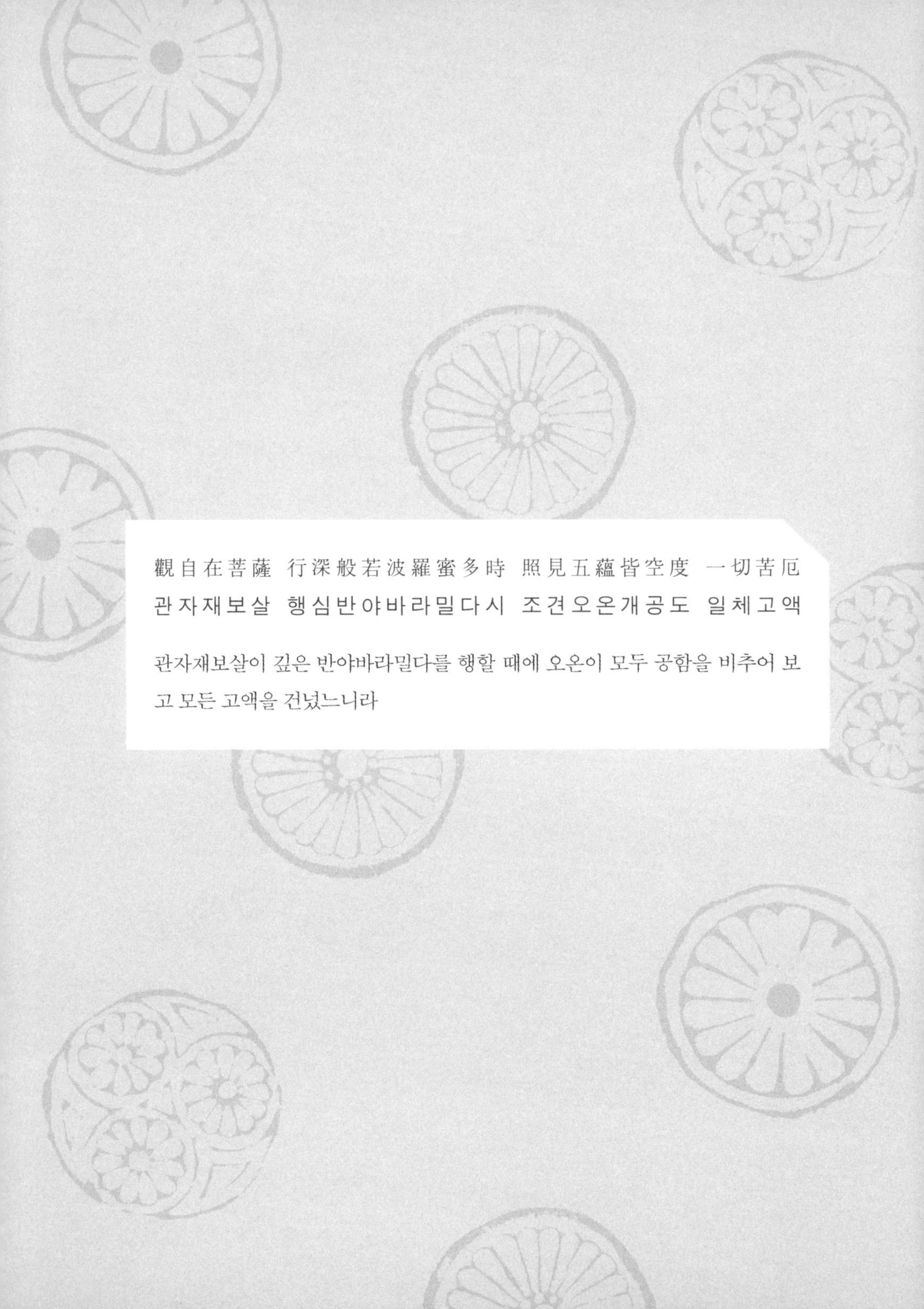

觀自在菩薩　行深般若波羅蜜多時　照見五蘊皆空度　一切苦厄
관자재보살　행심반야바라밀다시　조견오온개공도　일체고액

관자재보살이 깊은 반야바라밀다를 행할 때에 오온이 모두 공함을 비추어 보고 모든 고액을 건넜느니라

스타벅스 안에는 잔잔한 음악이 흘렀다. 나는 골목 쪽으로 난 통유리 앞의 좌석에 앉았다. 대학생들 대여섯 명이 옹기종기 앉아 커피를 마시고 있었다. 핸드폰을 꺼내 시간을 보니 아직 10분 가량 남아 있었다.

나에겐 의뢰인들로부터 다짜고짜 만나자는 전화가 오곤 했다. 대개는 약속 시간을 서로 맞춰 만나지만 더러 급한 성미를 가진 분들이 일방적으로 약속을 정했다. 여기에서 의뢰인이란 내 생계를 이어가게 해주는 분들이다. 물론 나는 의뢰인들을 위해 일을 한다.

내가 하는 일이란 그들의 인생을 글로 써 주는 일이다. 강단에 섰을 때는 이 일이 부업이었으나, 이젠 전업이 되어 버렸다. 그나마 이 일이 있어 생계를 근근이 이어갈 수 있다.

'그래도 그렇지 이번처럼 문자로 만나자고 연락하는 경우는 없었는데……. 붓다라는 이름은 어쩌면 아호가 아닐까?'

궁금증에 잠겨있을 때였다. 대각선 입구에서 문이 열리며 노인이 걸어 들어왔다. 처음 봤을 때 깜짝 놀랐다. 그 노인의 머리 뒤에서는 광채가 났다. 하지만 곧 광채는 사라졌다.

'헛 것을 본 걸까?'

노인은 나를 한눈에 알아봤는지 내 쪽으로 걸어왔다.

"반갑습니다, 홍진우 씨."

노인이 합장을 했다. 얼떨결에 나도 두손을 모아 합장했다. 반팔 남방에 양복바지를 입은 노인은 비쩍 말랐고 머리에는 상투를 하고 있었다.

"저를 어떻게 아시나요? 혹시 자서전 의뢰하시는 건가요?"

노인이 미소를 지었다.

"나에 관한 책은 이미 넘칠 대로 넘쳐요. 그런데 자서전을 쓸 이유가 있겠습니까?"

"실례지만 어떤 일을 하시는데요?"

"저는 모든 사람을 행복하게 하는 일을 하고 있지요."

노인은 여유로운 표정이었다. 전에 이런 유형의 의뢰인을 만난 적이 있었다. 주로 정신세계 계열에 몸담고 있는 분들이었다. 상대방의 반응에는 아랑곳하지 않고 달관한 듯한 미소를 지으며 믿기 어려운 이야기를 풀어 놓았다.

자신은 매일 자시(子時)에 몸에서 떨어져 나온 영혼으로 세상을 떠돌아다닌다, 자신은 남해 바다 밑에 수장된 금괴가 있는 곳을 눈에 선하게 볼 수 있다, 자신은 서산대사에 버금가는 신통력을 지녔다 등등.

갑자기 걱정이 밀려들었다. 이런 유형의 의뢰인에게 붙들리면 좀처럼 빠져나올 수 없었다. 무엇보다 문제는 다른 데 있었다. 너그럽게 다 받아들인다 하더라도 결국에 가서 집필비 문제가 걸렸다. 자서전 집필비를 주지 않고 공동 저자로 하자거나 자서전 집필비를 지나치게 깎아내렸던 것이다.

지금 내 앞의 노인이 그런 유형일 가능성이 아주 높았다.

"아, 제 소개가 늦었군요. 저는 붓다입니다."

"요가하는 분이시군요. 아호인가요? 너무 강렬해서 잘 잊혀지지 않겠습니다."

"내 고향 사람들이 요가를 많이 했죠. 저도 요가를 하긴 했습니다만 전 요가 수행자가 아닙니다. 저는 불교를 창시한 붓다입니다."

가슴이 뜨끔거렸다. 그동안 수많은 정신 세계를 가진 의뢰인을 만났지만 이번 경우는 아주 심각한 상태에 놓인 의뢰인으로 여겨졌다. 자칭, 도사라는 등 초능력자라는 등 퇴마사라는 등 떠벌리는 경우는 있어도 한 종교계의 창시자라고 하는 경우는 없었다.

얼른 자리를 뜨고 싶었다.

"내가 약속을 잡았으니 차 한 잔 대접하지요. 어떤 차를 드시겠습니까?"

"아메리칸 커피로요……."

　내 말이 떨어지기 무섭게 노인은 주문대로 걸어갔다. 조금 후 노인은 차를 들고 자리로 돌아왔다.

　"드세요."

　노인도 커피였다.

　"붓다라시면서 녹차를 드시지, 왜 커피를 드십니까?"

　노인이 한모금 마시고 나서 말했다.

　"녹차만 마셔야 한다, 커피만 마셔야 한다 이런 형식은 아무 의미가 없습니다. 전 다만 오늘 뵙고자 했던 진우 씨의 취향을 존중할 따름입니다."

　"그러시군요."

　커피 한 모금을 마시고 나서 물었다.

　"그나저나 용건은 뭡니까? 자서전 때문에 만난 것도 아니라면 대체 무슨 이유로 절 만나자고 하신 건가요?"

　"하하, 성격이 급하시네요. 이제 말씀드리지요. 전 좀 전에 말한 대로 붓다입니다. 전 당신에게 도움을 주려고 왔습니다."

　"저에게 도움을요?"

　기가 찼다. 생면부지의 노인이 갑자기 나타나서는 나에게 도움을 준다? 어이가 없었다.

　"도움을 어떻게 주실 생각입니까?"

　"진우 씨와 대화를 나누면서 도움이 될 수 있는 말을 해드리려 합니다."

　"가만 이럴 게 아니라 제가 몇 가지 질문을 드려도 될까요? 진짜 붓다인지 아닌지 확인하고 싶습니다. 사장님이 붓다라는 근거를 찾아야 믿을 수 있을 것 같습니다. 만약 제 질문에 답을 못하시면 바로 자리에서 일어나겠습니다. 만약 질문에 답을 다 해주시면 붓다라고 인정해 드릴게요."

노인이 말했다.

"좋으실 대로 하세요. 허나, 만사가 반드시 근거를 찾고, 확인 절차를 밟아야 하는 것은 아닙니다. 확인 절차는 눈과 귀와 입과 손을 위해 있는 것이지요. 세상의 진실은 확인하지 않고도 알아야 합니다."

노인이 말을 바꿀까 싶어 재빨리 핸드폰으로 인터넷에 접속했다.

"붓다가 태어난 날짜와 장소를 말씀해 보세요."

"그거야 어렵지 않죠. 나는 기원전 624년에 인도 카필라바스투의 동쪽 룸비니 동산에서 태어났습니다. 내가 태어난 곳은 지금으로 치면 네팔 남쪽의 인도 국경 인근입니다. 보너스로 더 말씀드리겠습니다. 내 본래 이름은 고타마 싯다르타이며 나를 지칭하는 '붓다(Buddha)'는 산스크리트어로 '깨달은 자'라는 뜻을 가지고 있지요."

핸드폰을 보니, 그와 똑같은 정보가 떴다.

'이 정도쯤이야 알 수도 있지.'

나는 좀 더 어려운 질문을 생각해 냈다.

"붓다가 태어나자마자 했던 일 잘 아시죠? 말씀해 보세요."

노인이 눈웃음을 지으며 말했다.

"나는 태어나자마자 사방으로 일곱 걸음 걸으며 천상천하(天上天下) 유아독존(唯我獨尊) 삼계개고(三戒皆苦) 아당안지(我當安之)'라고 외쳤지요."

"물론 그 뜻은 아시겠죠?"

"하늘 위와 하늘 아래 나 홀로 존귀하도다. 삼계가 모두 고통에 헤매니 내 마땅히 이를 평안케 하리라는 의미입니다."

이 정도는 나도 알고 있는 것이었다. 붓다 행세하려고 준비는 할 만큼 한 모양인 듯싶었다.

"붓다가 마지막으로 남긴 말은 무엇입니까?"

머뭇거림 없이 노인이 대답했다.

"모든 것은 변한다. 방일하지 말고 부지런히 정진하라."

핸드폰으로 '붓다 마지막 말' 을 검색하자 똑같은 말이 떴다. 워낙에 내가 불교에 대한 지식이 없다보니 질문이라는 게 상식적일 수밖에 없었다. 좀 더 어려운 질문거리를 생각해 보았다.

노인이 입을 열었다.

"진우 씨, 좀 전에 내가 한 말 잊지 않았죠? 진실은 근거를 확인하지 않고도 알아야 한다고요. 지금 진우 씨가 질문하는 거나 내가 답변하는 거나 모양새가 이상합니다. 상식 퀴즈 같지 않습니까?"

"네, 본의 아니게 그렇게 되어 버렸네요."

"이런 식으로 내가 붓다인지 아닌지 알 길이 없습니다. 그냥 저를 믿어 보세요. 자연스럽게 알게 됩니다."

노인이 허리를 펴며 말했다.

"시간을 갖고 대화를 해봅시다. 모든 이야기를 할 수 있습니다. 그러다가 내가 정말 붓다가 아니다 싶으면 바로 가셔도 좋습니다. 단, 섣부르게 판단하지 마세요. 그것은 진실에 대한 예의가 아니지요."

점점 빠져 나올 길이 희박해져갔다. 이런 부류의 사람들은 특히나 비현실적인 이야기를 그럴듯해 보이게 만드는 재주가 있다. 자신은 비현실적인 것을 현실로 완전히 착각하고 있으니까 상대방에게 사실인 것처럼 전달할 수 있는 듯 싶었다. 이 노인 역시 그래 보였다.

오늘 따라 커피 맛이 씁쓸했다.

"참, 이런 말씀드려도 될지 모르겠는데 좀 전에 붓다께서 아니, 사장님이 들어오실 때 머리 뒤로 광채가 보였다 사라졌습니다."

노인의 눈빛이 반짝거렸다.

"아, 그거요? 잘 보셨네요. 후광 말이지요? 그걸 보셨다는 건 진우 씨가 진실을 제대로 볼 수 있는 분이라는 것입니다. 보통 사람들에겐 안 보여요. 진실은 진실끼리 통하니까요."

이젠 노인이 거리낌없이 붓다로 자처하기 시작했다.

"내 그럴 줄 진작에 알고 있었습니다. 그래서 진우 씨를 뵙고 도움을 주기로 한 거지요. 진우 씨는 내 말을 잘 이해할 수 있을 거라고 생각했습니다. 진우 씨는 요즘 굉장한 심리적 압박을 받고 있습니다. 그렇죠?"

노인의 눈과 마주쳤다.

"요즘 상황이 아주 안 좋습니다. 최악입니다. 이런 것까지 말해도 되는 건지……."

"편안하게 말해 보세요."

노인의 평온한 미소에 안심이 되었다.

"그러니까 비정규직법으로 이번 학기를 끝으로 강단에서 쫓겨나게 됐습니다. 게다가 지도교수와도 불화가 생겨 모교 교수를 하기도 글렀습니다. 제가 모교에서 보낸 20여 년 세월이 하루아침에 날아가 버리고 만 거지요. 당장 다음 달부터 밥벌이 할 곳을 알아봐야 합니다."

갑자기 눈앞이 뿌옇게 변했다. 누가 한 대 툭 치면 눈물이 왈칵 쏟아질 것 같았다.

"그래서 더욱 진우 씨를 뵙고 싶었지요. 내가 도움을 주려고요."

양 손가락으로 미간을 꾹 누르고 나니 좀 편안해진 듯했다.

"삶의 의미, 삶의 목적이 완전히 공중분해된 듯한 기분입니다. 앞으로도 모교에 드나들어야 하는데, 이젠 '실직자' 신세로 학생들과 마주치게 되었습니다. 정말, 아찔합니다."

노인이 물었다.

"아직 결혼하지 않으셨죠?"

"네, 벌이도 시원찮고요. 제가 시를 끄적이다보니 영 여자와 인연이 없었습니다."

"시를 쓴다는 말이죠?"

"네, 시인입니다."

"예술가이시군요. 처음 보자마자, 감성이 풍부하다는 걸 알 수 있었습니다."

"좋게 봐주서서 감사합니다."

노인이 미소를 지었다.

"앞으로 좋은 일이 많이 생길 겁니다. 전 확신합니다."

"정말 그렇게 보십니까? 하하."

처량한 신세라 그 말에 금방 화기가 돌았다.

"근거가 있기는 한 건가요?"

"근거라……. 좀 전에도 말했다시피 진실은 확인하지 않아도 알 수 있는 거에요. 나를 믿고 진실을 제대로 바라보면 좋겠습니다."

"그 점은 노력해 보겠습니다."

"진우 씨 명상하시죠?"

"그렇습니다만, 어떻게 그걸 아셨습니까?"

"아주 먼 곳에서도 알 수 있었습니다. 진우 씨의 마음이 불안정한 것으로 보아 안 좋은 상황이 벌어지고 있다고 생각했지요. 요즘 들어 제대로 명상에 집중하지 못하는 것 같았어요.

"그랬었군요. 참, 명상과 참선은 다른 게 아닌가요?"

"명상법이 하도 많다 보니 그렇지요. 하지만 명상과 참선의 본질은 같아요."

"그렇군요, 전 요즘 들어 명상이 잘 안됩니다. 머릿속이 복잡해선지 자리에 앉기만 하면 머리가 지끈거려서 잘 안하게 됐습니다. 저는 원래 낙천적인 사람인데 어느 샌가 매사에 의욕이 없어지기 시작했어요."

붓다라는 노인은 지긋이 눈을 감았다가 떴다.

"진우 씨에게 지금 상황을 슬기롭게 헤쳐나갈 수 있도록 좋은 말씀을 전해드리겠습니다. 이미 기본적인 것은 많이 접해서 잘 알고 있을테지만 오늘 붓다인 저에게서 직접 들으면 새롭게 와 닿겠지요. 삶의 막다른 벼랑에 내몰릴 때, 인생에 회의감이 들 때 경전을 접하면 도움이 많이 됩니다. 이 말씀은 내가 남긴 사상을 정리해 우리 삶의 진실을 잘 설명해 주고 있어요."

나는 침묵에 잠겼다.

"이 말씀을 『반야심경(般若心經)』이라 하지요. 잘 아시죠?"

"네, 잘 알고 있습니다."

"앞으로 『반야심경』을 쉽게 풀이해 드릴게요. 한 구절 한 구절 설명을 듣고 나면 삶의 실체가 무엇인지를 알게 됩니다. 『반야심경』에는 불교사상이 집약되어 있으니 자연스럽게 불교 전반에 대한 이야기도 나올 겁니다. 이야기를 다 듣고 나면 현재 진우 씨가 겪는 괴로움을 이겨낼 수 있을 것입니다."

노인이 읊조리듯이 말했다. 그리고 나서 눈을 감았다. 그러자 노인의 머리 뒤로 원광이 환하게 나타났다가 순간적으로 사라졌다. 내 눈이 믿기지 않았다. 나는 그것을 본 사람이 없는지 주위를 둘러보았다. 스타벅스 안에는 잔잔한 음악이 흘렀고 옹기종기 앉은 대학생들이 도란도란 이야기를 나누고 있었다.

다시 고개를 돌려 노인을 봤다. 노인은 지그시 감았던 눈을 떴다.

'후광이 진짜라면 이 노인은 붓다가 틀림없어. 후광을 그 증거로 한다면 말이야!'

순간 노인의 눈빛에 압도되어 저절로 이런 말이 튀어나왔다.

"저, 사장님, 아니 붓다님, 제가 너무 무례하게 군 것 같습니다. 지금부터라도 말 놓으세요. 그래야 제가 편합니다."

일단은 붓다로 인정해 보기로 했다. 그러다가 아니다 싶으면 곧장 자리를 뜨면 되는 거니까. 좀 전까지는 부정적인 전략을 구사했지만, 이제는 반대로 긍정적인 전략을 구사하면서 노인이 붓다가 아니라는 것을 밝히기로 했다. 사실 크게 변한 건 없는 셈이다.

"그렇다면 말을 놓기로 하겠네."

노인이 남방의 앞주머니에서 무엇인가를 꺼냈다.

"여기."

카드였다.

"『반야심경』이 적혀 있으니 보게나."

나는 카드를 집어 들고 들여다봤다. 이런 글귀가 적혀 있었다.

반야심경(般若心經)[1]

觀自在菩薩 行深般若波羅蜜多時 照見五蘊皆空度 一切苦厄
관자재보살 행심반야바라밀다시 조견오온개공도 일체고액

관자재보살이 깊은 반야바라밀다를 행할 때에 오온이 모두 공함을 비추어 보고 모든 고액을 건넜느니라

舍利子 色不異空 空不異色 色卽是空 空卽是色 受想行識 亦復如是
사리자 색불이공 공불이색 색즉시공 공즉시색 수상행식 역부여시

사리자여, 색이 공과 다르지 않고 공이 색과 다르지 않아 색이 곧 공이요, 공이 곧 색이니 수상행식 역시 그러하다

舍利子 是諸法空相 不生不滅 不垢不淨 不增不減
사리자 시제법공상 불생불멸 불구부정 부증불감

사리자여, 이 모든 법의 공한 상은 나지도 않고 멸하지도 않고 더럽지도 않고 깨끗하지도 않고 늘지도 않고 줄지도 않나니

---

1) 본 소설의 각 장에서 소개되는 순서대로 배열했음을 양지 바란다.

是故 空中無色 無受想行識 無眼耳鼻舌身意 無色聲香味觸法 無眼
시고 공중무색 무수상행식 무안이비설신의 무색성향미촉법 무안
界 乃至 無意識界
계 내지 무의식계

그러므로 공 가운데 색이 없고 수, 상, 행, 식이 없고, 안, 이, 비, 설, 신, 의가
없으며 색, 성, 향, 미, 촉, 법이 없으며 안계가 없고 의식계까지 없으며

無無明 亦無無明盡 乃至 無老死 亦無老死盡 無苦集滅道
무무명 역무무명진 내지 무노사 역무노사진 무고집멸도

무명이 없고 또한 무명이 다함도 없으며, 노사가 없고 또한 노사가 다함도 없
고 고, 집, 멸, 도가 없으며

無智亦無得 以無所得故 菩提薩陀 依般若波羅蜜多故 心無罣碍
무지역무득 이무소득고 보리살타 의반야바라밀다고 심무가애
無罣碍故 無有空怖 遠離顚倒夢想 究竟涅槃
무가애고 무유공포 원리전도몽상 구경열반

지혜가 없고 얻음이 없으니 얻을 바가 없으므로 보리살타가 반야바라밀다에
의지한 고로 마음에 걸림이 없고
걸림이 없는 까닭에 두려움이 없어 뒤바뀐 생각 멀리 떠나 마침내 열반을 이
루며

三世諸佛 依般若波羅蜜多故 得阿耨多羅三藐三菩提
삼세제불 의반야바라밀다고 득아뇩다라삼먁삼보리

삼세제불도 반야바라밀다에 의지한 고로 아뇩다라삼먁삼보리를 얻었느니라

故知般若波羅蜜多　是大神呪　是大明呪　是無上呪　是無等等呪　能除
고지반야바라밀다　시대신주　시대명주　시무상주　시무등등주　능제
一切苦　眞實不虛
일체고　진실불허

그러므로 반야바라밀다는 크고 신기로운 주문이고 가장 밝은 주문이고 위없
는 주문이며 동등함이 없는 주문이니 일체의 고액을 없애주고 진실하여 허망
하지 않느니라

故說 般若波羅蜜多呪 卽說呪曰 揭諦揭諦 波羅揭諦 波羅僧揭諦 苦
고설 반야바라밀다주 즉설주왈 아제아제 바라아제 바라승아제 모
提娑婆訶(3번)
지사바하

이에 반야바라밀다주를 말하리라. 아제아제 바라아제 바라승아제 모지사바
하 아제아제 바라아제 바라승아제 모지사바하 아제아제 바라아제 바라승아
제 모지사바하

그것을 본 순간, 스님의 염불이 귓가를 스쳤다. 전에 여러 차례 본 기억이 났다.

"이건 전에도 보았던 것입니다. 대충 내용을 알고 있기도 하구요."

붓다가 반갑다는 표정이었다.

"내 그럴 줄 알았네. 자네와 난 여러모로 잘 통할 걸로 생각하네. 근데 이걸 잘 알고 있었다는데 이렇게 중요한 경을 어찌 그렇게도 모른 체할 수 있나? 이것의 의미만 잘 이해하면 삶에서 오는 온갖 역경, 근심, 슬픔 등을 다 이겨낼 수 있는데 말이야."

나는 고개를 끄덕였다. 어느 정도 붓다의 말에 수긍할 수 있었다. 실제로 난 20여 년 전에 몸소 그런 체험을 한 적이 있다. 붓다가 요구하는 수준에는 함량미달이지만.

내가 대학에 입학하기 전이다. 고3때 걸린 폐결핵이 나를 무기력하게 만들었던 걸까? 또래 친구들과 달리 대학입시에 내리 세 번이나 실패한 후, 방위 소집을 앞두고 있었다. 당시 나는 완전한 실패자로 낙인찍혔다. 집안에서 재수를 한 경우가 한번도 없었는데 나는 삼수마저 실패하고 말았다.

대놓고 나를 비하하는 사람은 없었지만 나는 자기비하에 빠지고 말았다. 나는 집에서, 또 사회에서 투명인간이 된 듯한 기분에 사로잡혔다. 그때 내 손에 우연히 잡힌 게 『반야심경』이었다.

부모님이 불교신자라서 집안 곳곳에 불교 책들이 널려 있었다. 나는 고등학교 때부터 교회를 다녔기에 예전에는 그 책들이 눈에 들어오지 않았다. 하지만 내가 낙오자 신세가 되자 그 많은 책 가운데 『반야심경』이 눈에 들어왔다.

'국어 참고서에서 봤던 경이잖아? 뭐랬더라? 색즉시공 공즉시색이라고 했던가?'

나는 희미한 기억에 의지해 시집만한 책을 펼쳤다. 책은 경과 경의 내용을 풀이한 것이었다. 글씨가 깨알 같이 적혀 있었다.

주로 나는 색즉시공 공즉시색 부분을 집중적으로 보았던 기억이 난다. 그 경을 본 나는 곧바로 경의 내용을 '본능적'으로 체화했다. 무슨 말이냐? 처절한 실패자이던 내 삶을 합리화해 줄 구실이 경에 있었으니 누가 시키지 않아도 재빨리 내 것으로 만들었다는 말이다.

어느 정도 경을 이해했는지는 모른다. 다만 '색즉시공 공즉시색' 만큼은 분명하게 이해했다.

'그래, 본래 삶은 공이잖아? 그렇다면 내가 입시에 세 번 실패했다고 슬퍼할 이유가 없지. 나도 공이고, 대학도 공이고, 입시도 공인데, 무엇 때문에 슬퍼해야 하나? 슬픔도 공이지!'

지금 기억으론 이런 논리로 무장하지 않았나 싶다. 문제는 이 '색즉시공 공즉시색'의 논리가 나로 하여금 더더욱 나와 집, 사회로부터 격리시켰다는 것이다.

함께 교회와 재수학원에 다니던 친구가 집에 찾아왔을 때다. 친구는 삼수

해서 대학에 붙었다.

"야, 너 얼굴 보기 힘드네. 교회엔 안 나오냐? 재미난 일이라도 있냐?"

나는 심드렁하게 말했다.

"흐음, 인생이 본래 공인데 무슨 재미가 있겠어?"

"이게 말투가 왜 이래? 그나저나 너 앞으로 입시 공부 계속하려면 고생 많겠다. 난 다음 달에 군대에 간다."

가슴이 뜨끔했다. 그때 나는 속으로 '색즉시공 공즉시색'을 읊조렸다.

"너희 어머니 걱정 참 많이 하시더라. 너도 곧 군대를 가야 하니까. 근데 넌 방위로 빠져서 다행이다. 틈틈이 공부도 할 수 있으니."

친구는 아픈 곳만 골라 집중적으로 파고드는 것 같았다.

"너, 『반야심경』이라고 알아? 넌 이과라서 잘 알지 모르겠네. 거기 보면 '색즉시공 공즉시색'이라는 구절이 있어. 삶은 본래 공이야. 너무 삶을 편협하게만 보지 않으면 좋겠어."

"뭐라고? 짜~아식이 나도 그거 잘 알아. 색즉시공 공즉시색! 넌 이걸 공으로만 보는데 그게 편협한 거야. 공이면서 색! 그러니까 지금 이렇게 너와 내가 살아 있다는 말씀이라구."

맞는 말이었다.

'……'

잠시 할 말을 잃었다. 친구는 모의고사 성적이 나보다 항상 10여 점 앞섰다.

"넌 색에 치우친 거라구! 『반야심경』은 색에 치우치지 말라는 교훈이 담겨 있어. 이 책에 따르면 너도 공이고, 나도 공이야. 따라서 네가 대학에 붙은 거나 내가 대학에 떨어진 것의 차이는 없어. 모든 게 공이니 말이지."

"하하. 너 입시에 내리 세 번 떨어졌다고 너무 충격 받은 거 아냐? 너 앞으로 나 보기 힘드니 교회에 잘 다니고 공부도 열심히 해라."

그 후로도 '색즉시공 공즉시색'은 내 머릿속을 맴돌았다. 교회는 건성으로 다니며 친구들 얼굴은 가끔 봤다. 내 생활은 점점 '공'해져 갔다. 입시 준비의 '색'이 빠진 채로.

붓다가 내 눈을 응시했다. 나의 '공'했던 시절을 꿰뚫어보는 듯한 표정이다. 속을 들킨 것 같아 얼른 말을 뱉어냈다.

"『반야심경』의 '색즉시공 공즉시색'이라면 잘 알고 있습니다."

그러자 붓다가 말했다.

"냉수도 급히 먹으면 체한다네. 천천히 차례대로 한 구절 한 구절 음미해 보는 게 어떻겠나?"

"네, 좋으실 대로 하세요."

"카드를 보게나. 우선 경전의 명칭을 알아봄세. 『반야심경(般若心經)』은 대반야바라밀다심경(大般若波羅蜜多心經), 마하반야 바라밀다 심경(摩訶般若波羅蜜多心經), 반야바라밀다심경(般若波羅蜜多心經)이라고도 하네. 줄여서 『반야심경』이라 하네. '위대한 지혜로 저 언덕(피안)에 이르는 길을 설한 핵심되는 경전'이라는 뜻이 있네."

"그렇군요."

"이것은 당나라 삼장법사인 현장(玄裝)이 번역한 것이지. 260자로 되어 있네."

"삼장법사 현장이라면 『서유기』에 나오는 현장법사말인가요?"

붓다는 고개를 끄덕였다.

"그럼 맨 앞 구절을 보세나. '관자재보살 행심반야바라밀다시 조견오온 개공 도일체고액'을 풀이해 보겠네."

나는 카드에서 맨 앞에 있는 구절에 눈길을 두었다.

觀自在菩薩　行深般若波羅蜜多時　照見五蘊皆空　度一切苦厄
관 자 재 보 살　행 심 반 야 바 라 밀 다 시　조 견 오 온 개 공　도 일 체 고 액

관자재보살이 깊은 반야바라밀다를 행할 때에 오온이 모두 공함을 비추어 보고 모든 고액을 건넜느니라

"사실 이 구절 하나가 『반야심경』의 전체 내용을 다 담고 있는 거나 마찬가지네. 그래서 이 구절을 풀이하다보면 불교 사상 전반에 대해 이야기하게 될 걸세."

"불교 전반에 대해 제가 꼭 알아야 할 이유는 없습니다만 필요하시다면 어쩔수 없죠."

붓다가 한모금 커피를 마시고 나서 말했다.

"관자재보살(觀自在菩薩)은 관세음보살(觀世音菩薩)과 같은 말이네. 자네도 관세음보살, 관세음보살 하면서 염불하는 소리를 많이 들어보았을 걸세. 이 말의 뜻을 풀이해 보겠네. 볼(觀)+세음(世音)+보살(菩薩)로 '세상의 음성을 관찰하는 보살'이라는 의미네. 부연하면 현실세계에서 어려움에 처한 중생들이 '관세음보살' 하고 부르면 관세음보살이 그들을 도와준다는 말일세. 관자재보살(觀自在菩薩)도 마찬가지로 풀이하면 볼(觀)+ 자유자재(自在)+보살(菩薩)이고 '시공을 초월해 자유자재로 중생들의 아픔과 고난을 살펴보고 그것을 없애 주는 보살'이네."

"한마디로 부처님, 붓다이시네요. 곧 앞에 계신 분 말이죠."

"잘 보았네. 내가 자네의 '소리'를 듣고 여기로 온 걸세. 중생, 알아듣겠나?"

"저는 '관세음보살'을 외진 않았습니다."

"괴로움에 처한 중생의 간절한 내면의 목소리가 '관세음보살'을 외는 것과 마찬가지네."

"그렇게 보시는군요. 아무튼 감사합니다. 꼭 좀 저, 중생을 잘 좀 구제해 주십시오."

눈웃음이 절로 나왔다.

"관세음보살의 뜻을 이번 기회에 잘 알게 됐습니다. 그런데 질문이 있습니다. 제가 허술한 사람이 아닙니다. 그러니까 붓다님이 관세음보살의 뜻은 잘 설명하셨는데, 그 근거는 말씀하시지 않았습니다. 이제 그 근거, 문헌상의 기록을 들춰 보여주세요.”

“하하. 자네 또 근거 타령이군. 근거를 봐야만 진실을 받아들인다는 말이겠지. 그래 좋네. 관세음보살이라는 이름이 어떻게 해서 생겼는지 말해 주겠네. 이 이야기는 『법화경』에 다음처럼 기록되어 있지.”

“세존이시여, 관세음보살은 어떤 인연으로 이름을 관세음보살이라고 하십니까?”
부처님께서 무진의 보살에게 말씀하셨다.
“선남자야, 만약 무량백천만억 중생들이 여러 가지 괴로움을 받게 될 때 관세음보살의 이름을 듣고, 일심으로 그 명호를 부르면 관세음보살이 곧 그 음성을 관하고, 모두 괴로움에서 해탈케 하시느니라.”

“그렇군요. 이제 잘 납득이 됩니다.”
나는 커피를 한 모금 마셨다. 붓다의 설명은 빈틈이 없었다. 갑자기, 허를 찌르는 질문을 하고픈 욕구가 치솟았다. 머릿속에 질문이 떠올랐다.
“붓다님이자 관세음보살님, 붓다님은 왜 출가를 결정하셨나요? 원래 왕의 아들이었잖습니까? 도대체 어떤 계기로 출가하여 나중에 해탈하고 관세음보살이 되신 건가요? 그때의 이야기를 들려주세요.”
붓다가 말했다.

"좋은 질문이네. 그걸 자네가 잘 알아둘 필요가 있어. 그걸 들려주도록 하겠네."

붓다의 눈은 회상에 잠겼다.

싯다르타 태자는 성의 동쪽 문으로 나와 숲으로 갔다. 태자는 한 늙은이를 보았다. 허리가 굽은 그는 처참한 몰골로 걸어가고 있었다. 태자는 그것을 보고 깜짝 놀랐다.

싯다르타 태자는 말 끄는 신하에게 물었다.

"대체, 저게 무엇인가? 왜 저렇게 고통스러운 모습을 하고 있는가?"

신하는 말했다.

"저 사람은 노인입니다. 늙어서 저렇게 된 것입니다."

태자는 궁금증이 일었다.

"늙음이라는 게 무엇인가?"

"늙음은 기력이 쇠할 뿐만 아니라 정신이 혼미해지는 것입니다. 게다가 몸의 내장 기관이 약해져서 음식을 잘 소화하지 못합니다. 또 뼈마디가 삐걱거리게 되고 눈도 침침해지게 됩니다. 이것만이 아닙니다. 기억력도 약해져서 무엇이든 잘 잊어 버리고, 하찮은 일에도 슬퍼집니다. 무엇보다 노인이 되면 일을 전혀 할 수 없습니다. 그래서 가족과 친척으로부터 구박을 받기 쉽습니다. 그러다가 얼마 남지 않은 목숨을 마치게 됩니다. 이것을 늙음이라 합니다."

싯다르타 태자가 다시 물었다.

"그러면 좋다. 늙음은 이 사람에게만 해당되는 건가? 이 세상의 모든 사람에게도 해당되는가?"

"늙음은 사람뿐만 아니라 살아있는 짐승, 미물도 피할 수 없습니다."

"그 말은 이 몸 또한 늙음을 피할 수 없다는 말이더냐?"

"네, 그렇습니다. 귀하게 태어난 사람, 천하게 태어난 사람 모두 늙음을 피할 수 없습니다. 사람은 태어나면서 늙을 수밖에 없는 운명을 타고 났습니다."

싯다르타 태자가 신하에게 말했다.

"아아, 나 또한 이렇게 추하게 늙을 수밖에 없다니! 나는 이제 동산 숲으로 가서 웃으며 놀고 싶은 마음이 없구나. 어서 빨리 궁으로 돌아가자. 내 무슨 수를 써서라도 이 늙음의 고통을 벗어날 수 있는 방도를 찾아보리라."

싯다르타 태자는 남문으로 향했다. 그는 그곳에서 병든 사람을, 서문 밖에서 죽은 사람을, 북문 밖에서 승려를 만났다. 태자는 괴로워하며 성으로 돌아왔다.

붓다가 말을 그쳤다.

"잘 들었습니다. 가슴에 확 와닿습니다."

"이때의 일을 '사문유관(四門遊觀)'이라고 하네. 말 그대로 네 곳의 문을 다니며 본 것이지."

이번에도 내 앞의 붓다는 완벽했다. 적어도 내 입장에서 볼 때는.

"실은 저도 그 이야기는 잘 알고 있습니다. 생로병사의 문제로 번뇌하셨다지요?"

"그러네, 내 살점 찢어지고 내 뼈마디가 부서지는 듯했지."

"그 문제를 해결하기 위해 왕궁을 떠나셨다니 정말 그 용기가 대단합니다. 보통 사람으론 상상하기도 힘든 일을 하셨네요."

"좋은 말 했네. 보통 사람으로 상상하기 어려운 출가와 수행을 하면 붓다가 되는 걸세. 평범하고 안락한 생활을 하면서 지내면 그저 보통 사람일 뿐이지. 사실 자네도 생로병사의 문제를 잘 알고 있지 않나? 그걸 절박하게 자기의 문제로 껴안고 출가 정진하면 붓다의 길이 보이지. 본래, '보살(菩薩)'은 두 가지 속성이 있어. 이 말은 '보리살타'의 줄임말로 산스크리트어로 '보디샤트바(Bodhissattva)'라고 하네. 여기에는 깨달음을 의미하는 '보리'와 중생을 뜻하는 '샤트바'가 합쳐 있는 거지. 그러니까 보살에는 깨달은 자와 미혹한 중생, 이 두 가지 속성을 가지고 있다네. 자네, 곧 홍진우 보살도 '깨달음'과 '미혹함' 두 의미를 가지고 있다네. 붓다의 길은 모두에게 열려 있다는 점을 잊지 말게나."

"그렇군요. 실은 요즘 제가 나이가 불혹을 넘기다 보니, 생로병사의 문제가 피부에 와닿는 느낌입니다. 더욱이 전 혼자 사는 몸이다 보니 더 민감하게 받아들이게 된 듯해요. 이러다 저도 내 속에서 '깨달음'이 불거져 나오는 건 아닌지요, 하하. 하지만 절대 그럴 일은 없습니다. 저는 술 좋아하지, 여자

좋아하지, 돈 좋아하지, 명예 권력 다 좋아하니까요. 이 점은 남에게 결코 뒤지지 않아요."

"됐네. 지금까지 자네가 그랬다는 점에서만 인정해 주지. 앞으론 몰라."

나는 커피맛을 천천히 음미했다. 붓다도 커피 잔에 입을 대었다. 옆의 통유리 너머 골목길을 바라보았다. 골목길은 소리를 삼키는 재능이 있는지 보기만 해도 적막했다.

스타벅스 안에는 그새 손님이 배로 늘었다. 빈 좌석을 찾기 어려울 정도였다. 특별히 카페를 가리는 편이 아니라 스타벅스를 즐겨 찾지는 않았다. 약속이 있을 때에만 찾는 스타벅스. 다른 카페에 비해 스타벅스는 그 이름만으로도 호화롭고 이국적인 이미지를 풍겼다.

"다시 본론으로 들어가세나."

"네."

붓다가 탁자 위의 카드를 가리켰다.

"행심반야바라밀다시(行深般若波羅蜜多時) 차례네. 이 말은 크게 행(行)+심반야바라밀다(深般若波羅蜜多)+시(時)로 나눌 수 있어. 여기서 반야바라밀다의 '바라밀다'는 흔히 '바라밀'로 줄여서 쓴다네. 그러니까 풀이 하면 '깊은 반야바라밀을 행할 때'가 되네. 앞의 말과 연결하면 관자재보살이 깊은 반야바라밀을 행할 때가 되지. 여기서 말하는 '반야바라밀다'는 한 마디로 '깨달음의 저 언덕에 이르는 깊고도 높은 지혜'를 말하네. '반야바라밀다'를 수행하는 방법에는 10가지가 있지. 통상적으로 줄여서 6가지를 말하네. 이를 '육바라밀(六波羅蜜)'이라고 하네."

그리곤 남방 주머니 안에서 카드를 꺼내들었다.

"'육바라밀(六波羅蜜)' 얘기는 복잡하니, 이 카드로 대신하세나."

붓다가 카드를 내게 내밀었다. 나는 카드를 돌려 놓고 들여다봤다.

육바라밀(六波羅蜜)

1. 보시바라밀 : 베푸는 수행

2. 지계바라밀 : 계율을 지키는 수행

3. 인욕바라밀 : 참는 수행

4. 선정바라밀 : 마음을 고요히 가라앉히는 수행

5. 정진바라밀 : 근면하게 부지런히 닦아 나가는 수행

6. 반야바라밀 : 완전한 지혜로 모든 실상을 깨달아 보는 수행

갑자기 뒷목이 뻐근해 왔다.

"붓다님, 요즘 대학생들에게 어렵게 가르치면 큰일납니다. 강의평가제도가 정착돼서요. 교육 수혜자인 소비자에게 눈높이를 맞추어 주어야 합니다. 아무리 책 많이 쓰고, 좋은 논문 많이 쓰고, 인격이 고매해도 학생들이 지루해 하면 끝장입니다."

"자네, 강사라는 사람이 그런 소리를 다하는구먼. 강사라면 내 입장을 더

옹호해 주어야 할텐데. 그래, 좋아. 빠르게 진도를 나가도록 하지."

작은 한숨이 흘러나왔다.

"오늘 이 자리가 불교 개론, 불교 이해의 시간이 아니잖습니까?"

"그래 알았네. 그럼 다음으로 넘어가세나. 조견오온개공(照見五蘊皆空)의 글을 보세나."

나는 고개를 숙이고 카드를 바라보았다.

"아, 이건 제가 풀이해 보겠습니다. 조견(照見)+오온개공(五蘊皆空) 이렇게 돼네요. 그러니까 '오온이 모두 비었음을 비추어 본다' 이네요. 맞나요?"

"맞네, 이제 오온(五蘊)이 뭔지 알아보세나. 오온은 생멸과 변화하는 모든 것을 구성하는 색(色), 수(受), 상(想), 행(行), 식(識) 이 다섯 요소를 의미하네. 이 다섯 가지가 모두 공(空)하다는 말이지."

내가 고개를 끄덕였다.

"색(色)은 빛과 모양을 가진 물질인데 인간에게서는 육체가 해당되지. 이 색(色)은 사대(四大), 즉 지(地), 수(水), 화(火), 풍(風)으로 이루어지네. 수(受)는 감수작용을 말하네. 괴로움, 즐거움 그리고 괴로움도 아니고 즐거움도 아닌 감정을 말하네. 상(想)은 표상 작용으로 대상으로 식별하고 그 대상에 이름을 부여하는 작용이지. 행(行)은 인간의 의지 작용과 함께 기억, 상상, 추리 등의 정신 작용을 포괄하네. 식(識)은 어떤 대상의 상(想)이 생기기 전까지 인식하는 것을 말하네. 예를 들어 여기 놓인 컵이 자네의 눈에 '컵'으로 인식되기 전까지의 단계를 나타낸 것이지. 아직 자네의 눈에 나타난 것을 컵으로 식별하기 이전 상태야. 이 다섯 가지가 공(空), 아무런 실체가 없다는 말일세."

"좀 어렵기는 해도 충분히 이해가 됩니다. 이제 보니, 불교가 굉장한 철학 체계를 가지고 있었네요. 현대 철학에 견주어도 손색이 없을 듯합니다. 더욱이 불교의 역사는 수천년 전으로 거슬러 올라가는데 이미 그 시절에 이런 생각까지 했다니 감탄스럽습니다."

붓다가 흥겨운 듯이 말했다.

"그래, 불교의 경우 이미 나 붓다로부터 모든 철학이 완성이 되었네. 불교 경전을 보면 삼라만상의 모든 것을 알 수 있어. 현대 철학이 불교철학의 손바닥 안에 있다고 해도 될 걸세."

"정말 그렇습니까?"

"그렇다니까. 이제, 마지막일세. 도일체고액(度一切苦厄). 이 말은 도(度) + 일체고액(一切苦厄)인데 일체고액을 넘어섰다는 말로 곧 해탈 열반에 이르렀다는 말일세. 현실에서 겪는 온갖 고통, 괴로움, 액난을 넘어선 경지가 곧 해탈이자 열반이네."

나는 붓다의 말에 주의 깊게 경청했다.

"이제 지금까지 한 말을 다 정리해 보세나. 관자재보살(觀自在菩薩) 행심반야바라밀다시(行深般若波羅蜜多時) 조견오온개공(照見五蘊皆空) 도일체고액(度一切苦厄). 이 뜻은 잘 알고 있지? '관자재보살이 깊은 반야바라밀다를 행할 때 오온이 모두 공함을 비추어 보고 모든 고액을 건넜다' 일세. 결국 이 세상이 공(空)임을 알아차려야 하네. 자네의 경우를 말해 보겠네.

자네가 지금 눈과 코와 입과 귀, 손과 피부의 감각으로 느끼는 즐거움과 괴로움, 불행 등은 허상이란 말일세. 꿈과 같은 거라네. 따라서 현재 자네가 겪는 정신적 괴로움, 생계의 고민, 진로 걱정 등도 실체가 없는 걸세. 자네는 꿈을 꾸면서 괴로워하고 있는 거야. 나, 붓다는 그걸 알아차리고 지금의 위치에 오른 걸세."

잠시 침묵이 흘렀다. 나는 깊은 생각에 빠졌다.

'지도 교수님의 비리에 대한 분노, 그것을 국가인권위원회에 제보함으로써 내 진로가 끝장난 데서 오는 암담함, 비정규직법으로 강단에서 쫓겨 나온 서글픔, 그리고 생계 대책이 없는 데서 오는 불안함. 이 모든 게 허상이란 말이구나. 모든 게 공이고 나도 실체가 없는 허상인데 무슨 고통, 슬픔이 있을까?'

"어때? 『반야심경』이 좀 도움이 되지 않나? 이제 자네 자신의 실체가 무엇인지를 알게 되었으니 자연스레 현실의 괴로움을 극복할 수 있을 걸세. 그리고 참, 자네 『금강경』이라고 들어봤나?"

"네."

"『금강경(金剛經)』도 마찬가지네. 삼라만상은 곧 공이라는 메시지를 담고 있지. 대표적으로 이런 구절이 있지."

모든 지은 법이여!

꿈과 같고

환영과 같고

거품과 같고

그림자 같네.

이슬과 같고

또 번개와 같아라.

그대들이여

이 같이 볼지니.[2]

어느새 내 앞에 붓다라 자칭하는 사람을 바라보는 태도가 바뀌기 시작했다. '그래요, 제발 붓다가 되어 주세요!' 라는 간절한 내면의 목소리가 외치는 것 같았다. 이 노인이 붓다가 아니더라도 적어도 오늘만큼은 내가 붓다로 알고 위안을 받았음 했다.

갑자기 선택받았다는 느낌이 들어 기분이 좋아졌다. 대학교 총장, 이사장도 아니고 서울 시장, 대통령도 아니고 이건회 회장도 아니며, 워렌 버핏도 아닌 세계적 종교인 불교의 총수께서 내 앞에 계신 것이다!

"붓다님, 이러실 게 아니라 자리를 옮기시는 게 어떻습니까? 자연의 신선한 공기를 맡으면서 배우면 더 많은 교훈을 얻을 수 있을 것 같습니다."

---

2) 一切有爲法 如夢幻泡影 如露亦如電 應作如是觀

"여기서 자연의 공기를 맡으려면 꽤 멀리 가야 할텐데."

"아닙니다. 제가 머리가 복잡할 때마다 가는 산책길이 있는데 그리로 모실까 합니다. 진작에 붓다님을 알아 봤으면 내가 북한산 아니 지리산이라도 갔을 겁니다. 오늘은 가까운 곳으로 가시지요? 자연, 좋으시죠?"

"그렇게 하세나. 내가 여기로 온 건 자네 취향 때문이야. 이것도 보시의 일종일세."

"하하, 감사합니다."

내가 다시 말을 이었다.

"이제 제가 붓다님께 보시할까 합니다. 여기서 40분 남짓 걸으면 상암 월드컵 공원이 나옵니다. 그곳 공기도 좋고 경치가 끝내줍니다."

The Great Day
With
Buddha

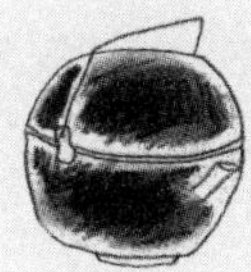

Part 3

무소의 뿔처럼
혼자서 가라

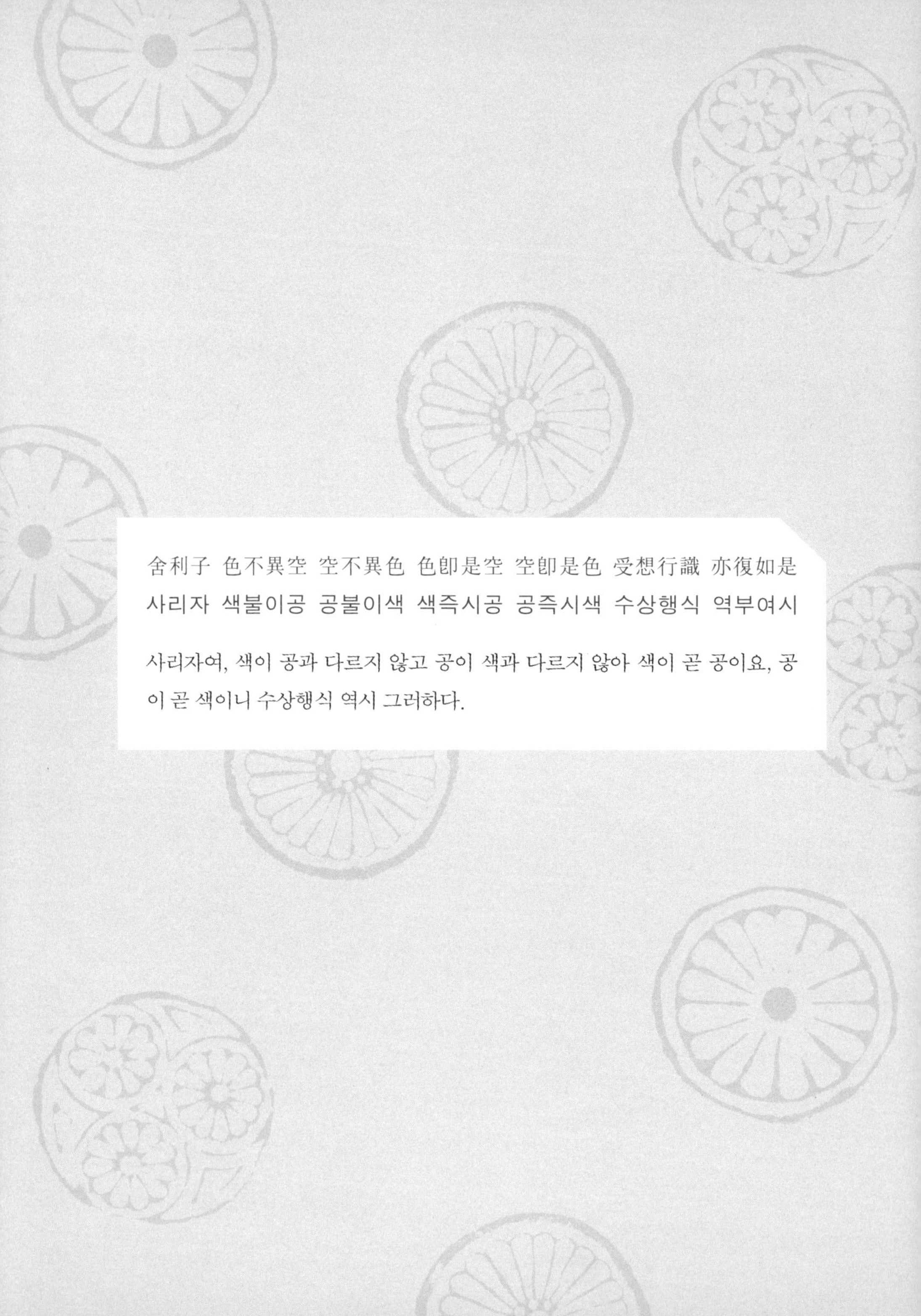

舍利子 色不異空 空不異色 色卽是空 空卽是色 受想行識 亦復如是
사리자 색불이공 공불이색 색즉시공 공즉시색 수상행식 역부여시

사리자여, 색이 공과 다르지 않고 공이 색과 다르지 않아 색이 곧 공이요, 공이 곧 색이니 수상행식 역시 그러하다.

밖은 무척 무더웠다. 쏘아붙일 듯한 햇살이 이마로 비추었다.

"벌써 여름이야."

"네, 이제 6월이면 여름이나 다름없습니다."

거리에 수많은 행인들이 지나갔다. 내 눈에 집중적으로 들어온 건 뭘까?
여대생들이 드러내 놓은 맨들맨들한 종아리였다. 삼삼오오 뭐가 그리 좋은
지 깔깔거리며 걸어가고 있었다. 일찍 찾아온 여름더위에게 가장 잘 손님 대
접해 주는 사람이 여대생인 듯싶었다.

보도블록을 걸어서 상수역으로 향했다. 그곳에서 얼마 걷지 않으면 상암
월드컵 공원이 나온다.

"자네, 사는 곳이 어딘가?"

"이 근처입니다."

"번화한 거리에서 살고 있구먼. 이런 곳에서는 수행을 하기가 쉽지 않지. 물론 진정한 수행자는 장소에 구애를 받지 않지만. 설마 자네도 장소에 구애를 받지 않는 건가?"

나는 웃음을 지었다.

"저는 불교 신자가 아닙니다. 저는 조물주가 인간에게 내려준 쾌락은 잘 애용해야 한다고 봐요. 저는 저 나름대로 집에서든, 학교 연구실에서든 명상을 해왔습니다. 붓다님이 보시기에 함량미달이라면 어쩔 수 없겠네요."

"간절함에서 본다면 자네도 수행자나 다름없네. 내가 그것을 알고 자네를 찾아온 거야. 하지만 좀 전에 말한 것 잊지 말게나. 육바라밀(六波羅蜜)의 여섯 가지 수행을 엄격히 지켜야 열반에 이를 수 있는 걸세."

나는 난색을 표시했다.

"저는 규칙, 계율 이런 거 무지 싫어합니다. 나를 잘 받아주는 곳이 그래서 문학이고 그 중에서도 시였어요. 문학 특히 시에서는 이것을 지켜라, 저것은 하지 말라는 말을 찾을 수 없으니까요. 저에게 딱 하나 규칙, 계율이 있다면 그것은 '자유를 지켜라' 입니다."

붓다가 고개를 돌려 눈웃음을 지었다.

"자네는 시인이라고 했지. 그래 자네의 입장을 어느 정도 헤아릴 수 있을 듯하네. 그래야 번뜩이는 영감으로 좋은 시를 쓸 수 있겠지. 자네, 내가 시를 남긴 건 알고 있나?”

나는 놀라운 표정을 지었다.

“붓다님이 시를요?”

“그렇다네. 엄격히 말하면 후대 사람들이 내 말을 시로 만든 거지만. 그게 바로 『숫타니파타』일세.”

“아, ‘무소의 뿔처럼 혼자서 가라’는 후렴구가 나오는 경전 말이죠?”

붓다가 고개를 끄덕였다.

“붓다님, 거기에 실린 시 한편 낭송해 주시겠습니까? 시인 앞에서.”

잠깐 생각에 잠겼던 붓다가 입을 열었다.

“자네가 원한다면 해보겠네.”

곧이어 붓다는 발걸음을 서서히 멈추고 시선을 먼 곳에 두면서 낭송했다.

아, 아, 인간의 목숨이여,

백 년도 못 채우고 죽는 것을.

비록 백 년을 넘어 산다 해도

늙고 쇠하여 마침내 죽고야 마는 것을.

그것을 듣고 내가 말했다.

“붓다님의 시에도 역시나 붓다님의 문제의식이 고스란히 담겨져 있네요. 예전엔 솔직히 이런 유형의 시는 별로였어요. 조선시대 시조 분위기가 났거

든요. 전에는 자유롭게 감정의 파노라마를 담는 시가 좋았어요. 그런데 요즘
에는 이런 유형이 끌리더라구요."

"그래, 자네에게 이런 류의 시가 딱 맞아떨어질 때가 올 걸세. 내가 테이
프를 끊었으니 자네도 어떤가?"

"저도요?"

나는 기다렸다는 듯이 흠흠거렸다. 사실 나는 내가 쓴 시 중에 암송할 수
있는 게 없다. 시를 안 쓴 지도 오래된 데다 내 기억력이 형편없었다.

"그럼 읊겠습니다."

귀천

나 하늘로 돌아가리라.

새벽빛 와 닿으면 스러지는

이슬 더불어 손에 손을 잡고,

나 하늘로 돌아가리라.

노을빛 함께 단둘이서

기슭에서 놀다가 구름 손짓하며는,

나 하늘로 돌아가리라.

아름다운 이 세상 소풍 끝내는 날,

붓다가 말했다.

"참, 좋은 시네. 누가 썼나?"

"천상병이라는 분입니다. 실제로 삶을 소풍처럼 살았습니다."

"나도 시에서 그걸 느꼈어. 인생을 소풍으로 본 천상병 시인도 내 생각과 상통하는 면이 있네. 다만, 그는 삶이 본래 공이라는 걸 간과한 듯하네. 그렇지 않았더라면 나와 같은 길을 걸어갔을 수 있었겠지."

내가 끼어들었다.

"전 이대로가 좋습니다. 전 아름다운 것을 아름답다고 하는 주의이니까요."

어느새 우리 둘은 합정역 근처에 다다랐다. 역에서 사람들이 우르르 몰려나왔다. 지하에서 매케한 공기가 함께 흘러나왔다. 지하철에서 쏟아지는 사람들이 눈에 선했다.

내가 난생 처음 지하철에서 쏟아지는 인파에 합류하게 된 건 입시 때문이었다. 이때는 맛보기에 지나지 않았다. 세 번에 걸친 실패, 그 후 나는 방위를 마치고 가까스로 대학에 들어갔다. 본격적으로 지하철의 그 인파에 합류하게 된 것이다.

일부러 가까운 곳을 갈 때도 지하철을 탔다. 도시 문명의 이기에 신기해

어린아이처럼 마냥 좋았다. 서울로 올라온 제주도 시골뜨기인 나는 공의 세계에서 색의 세계로 널뛰기를 했다.

공의 세계의 사람이 색의 세계에서 살아가려면 정신무장을 단단히 해야 한다. 여러 면에서 앞선 사람들에게 상처를 받기 쉬우니까. 그랬다. 정말, 나는 동기들에게 따돌림 받기 십상이었다.

공으로 얼룩진 5년. 때문에 나는 동기들과 다섯 살이나 차이가 났다. 난 그들 틈바구니에 끼여 질식하고 싶지 않았다. 그때, 내게 찾아온 게 시였다. 전공 서적을 팽개치고 시집을 읽어 나갔다.

실로 이 나라의 거의 모든 시가 공으로 얼룩져 있는 걸 알게 되었다.

'내 인생 선배님들이시네. 이분들은 어쩜 이렇게도 철저히 공으로 무장했을까?'

나는 강의를 빼먹고, 리포트를 생략하고, 시험을 백지 답안으로 갈무리하기 시작했다. 그러면서 내 머릿속에는 수많은 시구가 떠돌아 다녔다.

시와 뗄래야 뗄 수 없는 관계에 놓인 게 뭘까? 시의 절창 대부분은 이것과 긴밀한 관계를 가지고 있다. 그게 뭐냐? 바로 술이다.

나는 술을 마시면서 시에 탐닉했고, 시를 쓰면서 술에 투항했다. 저절로 색의 세계는 공의 세계로 둔갑하기 시작했다.

먹자골목을 아직도 잊지 못한다. 재수해서 대학에 들어왔으나 10년 가까이 졸업하지 못한 문우가 내 앞에 있었다. 주변은 왁자지껄해 우리 둘은 외곽에 자리 잡았다. 막걸리가 그와 나 사이에서 비워져 가고 있었다.

“너는 대학 오기 전부터 시를 꽤 쓴 것 같더라.”

“응, 조금씩 써왔지.”

학년은 4학년이지만 나이가 같아 말을 놓고 지냈다.

“네 시에서는 허무함이 느껴져. 그게 피부에 와닿게 잘 표현하더라구.”

속으로 생각했다.

‘공으로, 공과 함께, 나중에는 공을 위해 산 5년의 땀에 얼룩진 상흔이지.’

문우는 대학에 들어와 공을 접하게 된 걸까? 문우는 그래서 졸업을 못한 채로 차마 입에 담기도 힘든 말, 폐인으로 지내는 걸까?

그래도 문우에게는 복이 따랐다. 여복! 여자가 평균 이중이요, 삼사중 겹쳐 있었다.

“나는 절박하게 쓰질 못하겠어. 어떡하면 허무의 창자를 드러낼 수 있냐?”

문우는 말솜씨는 제법이었다.

“허무를 온몸으로 부딪치다 보면 저절로 시가 터져나올 거야. 아직 난 습작생에 불과하잖아. 더 진득하게 허무를 물고 늘어져 봐야지.”

이렇게 나는 대학 4년 내내 솔로로 지냈다. 불행 중 다행으로 간신히 ‘등단’을 하게 되었다. 생각해보면 대학 시절에 특히 연애를 못해본 게 아쉽다. 하지만 그 아쉬움의 보험금으로 시인 자격증을 받아냈다.

나중에 문우는 여러 여자 친구들을 돌고 돌아 한 여자의 남자가 되었다.

문우는 '여'색의 세계에 빠져 있었던 탓으로 결국 공의 세계, 공허를 형상화하는 데 실패했다.

나에게 시란 공의 세계 토털 9년(고향에서 5년, 대학에서 4년)의 중좌와 같았다.

"여보게, 뭘 그리 생각하나?"

붓다가 내 어깨를 툭 쳤다.

"오랜만에 시 얘기를 하다보니, 대학교 1학년 때 기억이 났습니다. 그때는 시가 전부였거든요."

"만사는 모든 걸 내걸고 달려드는 사람에게 기회를 주는 법이네."

우리 둘은 망원역을 향해 걸어갔다.

"여기 옆에 막으로 둘러쳐진 게 뭔가?"

오른 편에 커다랗게 둘러쳐진 막이 서 있었다.

"재개발을 하느라 그렇습니다. 새로운 고층 빌딩 단지가 만들어질 예정이에요."

"재개발이라…… 난, 개발 자체를 꺼려하는 몸일세. 근데 '재'개발이라 끔찍하네. 언젠가는 '재'자가 삼, 사, 오로 변하겠군."

"그럴 가능성이 전혀 없는 건 아닙니다. 제한된 땅에, 땅값은 갈수록 오르니 동일 장소의 주거 단지를 여러 차례 뒤집어 엎겠지요."

"자넨 내 생각을 어떻게 보나?"

머릿속에서 오늘 강의 시간에 학생이 발표한 『월든』이 떠올랐다. 보고서에 적힌 한 구절이 떠올랐다. 저자 헨리 소로가 한 말이다.

우리는 더 많은 것을 얻으려고만 끝없이 노력한다.
때로는 더 적은 것으로 만족하는 법도 배워야 되지 않겠는가?

이 말에 따르면 헨리 소로는 작금의 개발을 비판하는 것이다. 학생 보고서의 내용이 머릿속을 스쳐지나자 말문이 열렸다.

"저도 붓다님 생각과 같습니다. 오로지 이윤 추구를 위한 '개발'은 문제지요. 진정한 삶의 가치도 저버리고, 이웃과의 교감도 깨뜨리고 자연환경마저 파괴하니 정말 문제입니다."

붓다가 나를 바라보았다.

"좋은 말이네. 내 경우를 이야기해 보겠네. 나야말로 호화롭게 만들어진 궁전을 버리고 출가하지 않았나? 왕이 나의 출가를 막으려고 얼마만큼 궁전을 '개발'했는지 들려주겠네."

붓다의 이야기는 『불본행집경』에 다음처럼 전한다.

그들은 왕에게 간촉했다.

"대왕이여, 속히 서둘러야 합니다. 태자를 위해 따로 궁실을 짓고 빼어난 미희들과 즐기도록 하소서. 그렇게 해야 태자가 출가하지 않을 것입니다. 이렇게 해서 우리 석가족이 흥성하면 세상 사람들이 우리를 존중하게 되고, 감히 조무래기 왕들에게 무시당하지 않을 것입니다."

싯다르타 태자가 열 여섯 살이 되자, 슈도다나 왕은 태자를 위해 삼시전을 지었다. 삼시전은 세 가지 용도를 가지고 있었다. 첫째 난전은 겨울을 지내려는 용도, 둘째 양전은 여름 더위에 쓰려는 용도, 셋째 전각은 봄가을 두 철에 거처하려는 용도였다.

게다가 이 삼시전은 온갖 화려한 칠보로 꾸몄는데 마치 가을 구름에 노을이 물드는 것 같았다. 또한 그 궁궐과 동산 가운데에는 도랑으로 물이 흘러 못과 늪을 만들었으며 수많은 꽃들이 피어났다. 그 향기로운 꽃들은 싯다르타 태자의 눈과 코를 현혹하도록 길러졌다.

거기까지 듣고 나서 말했다.

"정말 대단하시네요. 초호화판 궁전을 미련 없이 버리고 출가하시다니."

"과찬의 말이네. 당연히 할 일을 한 것뿐이지. 눈과 귀, 코, 입을 즐겁게 하는 모든 '개발'은 하지 않는 게 좋아. 거기서 출가정신이 싹트는 걸세."

"좋은 말씀입니다. 잊지 않고 잘 기억해 두겠습니다."

붓다는 말없이 여남은 걸음을 했다. 그리고 나서 말했다.

"이제부터는 『반야심경』으로 돌아가 보세나."

"기대하겠습니다."

붓다는 내 얼굴을 바라보았다.

"이번은 '사리자 색불이공 공불이색 색즉시공 공즉시색 수상행식 역부여시'를 알아보세나."

나는 카드를 들어 그 부분을 들여다봤다.

"맨 앞의 '사리자(舍利子)'는 실제로 나 붓다의 10대 제자 가운데 한 명이네. 이 제자는 지혜가 특출났어. 바로 이 제자가 내 설법을 듣는 걸세. 앞으로가 중요하네."

그리곤 붓다는 침을 삼켰다.

"'색불이공(色不異空) 공불이색(空不異色) 색즉시공(色卽是空) 공즉시색(空卽是色)'을 보게나."

내가 좋아하는 구절이었다. 하마터면 찔끔 눈물이 비칠 뻔 했다. 이 구절은 내 생애 9년을 휘감고 있으니 말이다.

"이 말은 앞서 '조견오온개공'의 이치를 더욱 자세하게 설명하고 있네. 오온이 모두 비었음을 비추어 본다는 말 잘 알고 있지? 다섯 가지 온, 그러니까 색, 수, 상, 행, 식이 모두 공이라는 말이지."

"네, 잘 기억하고 있습니다."

붓다가 말했다.

"이 말은 '색이 공과 다르지 않고 공이 색과 다르지 않다'는 의미일세. 색이 공이고, 공이 색이란 말이지. 저잣거리의 사람과 달리 자넨 어느 정도 이해하리라 보네. 명색이 지식인을 양성하는 대학 강사이잖는가?"

붓다가 소크라테스처럼 나에게 질문하는 모양이었다.

"…… 설마 내게 물어보는 건가요?"

"부담 갖지 말고 아는 대로 이야기해 보세."

나는 침을 삼키고 나서 기억을 되살렸다.

"이 세상의 모든 것이 무(無)라는 말입니다. 또한 무(無)가 유(有)이기도 하구요. 그러니까 나, 이 거리, 지구가 없음인 것이죠. 그와 동시에 아무 것도 없는 것 즉 무(無)가 사실은 어떤 존재라는 것입니다."

붓다가 회심의 미소를 지었다.

"그래, 잘 이해하고 있군."

붓다를 보고 생각했다.

'붓다님, 전 무려 9년간 무(無) 속에서 살았습니다. 이제 또 무(無) 속으로 들어가는 건 아닌지 두렵습니다. 먹고 살 길이 막막합니다. 강의 자리가 사라진 강사는 곧 무(無) 아닙니까?'

"자네 표정이 왜 그런가? 내가 못 물어볼 거 물어본 건가?"

"아, 아닙니다. '무'에 대해 생각을 좀 했습니다."

"허허, 그런 태도가 수행자에게 굉장히 중요하지. 자네에게 일정 정도 수행자의 자질이 있는 거야."

나는 말을 삼갔다.

"자, 내가 말해 보겠네. 색(色)은 우리 눈에 보이는 물질을 말하네. 나는 물질을 크게 4가지로 보고 있어. 지, 수, 화, 풍 사대로 이루어졌다는 말이지. 지(地)는 물질의 단순한 성질을, 수(水)는 물질의 습한 성질을, 화(火)는 물질의 따뜻한 성질을, 풍(風)은 물질의 움직이는 성질을 말하네. 그러니까……."

갑자기 의문이 생겼다.

"그러면 인간은 어떻게 되나요? 인간은 지인가요? 아님, 수, 화, 풍 중 어디인가요?"

"좋은 질문이네. 인간을 예로 들어 보겠네. 살, 뼈, 머리카락, 손톱 등의 단단한 것은 지(地)에 속하네. 피와 체액은 수(水)에 속하네. 따뜻한 기운은 화(火)에 속하고, 움직이는 성질은 풍(風)에 속하네."

"그렇군요. 인간은 사대가 골고루 섞여 있군요."

"이제 공(空)을 설명해 보겠네. 공은 처음부터 그냥 없는 게 아니네. 인간의 예를 들면 지, 수, 화, 풍 네 가지가 모일 때 인간은 존재하는 것이지. 삶이고 색이지. 허나 지, 수, 화, 풍이 흩어지면 어떻게 되겠나? 인간의 죽음이고 없음, 무가 되는 거네."

붓다가 말을 이었다.

"그러니까 인간은 지수화풍의 인연에 따라 모이면 삶, 색이 되기도 하고 흩어지면 죽음, 공이 되는 거라네. 이 세상의 모든 게 그렇지. 인연에 따라 모였다가 흩어지지 않는 게 없네. 영원히 존재하는 것은 없어. 이 세상에 존재하는 건 영원하고 고정불변하지 않다는 말이지. 그래서 색불이공 공불이색이 되는 거라네."

우리 둘은 계속해서 걸어갔다.

"여기서 중요한 게 하나 있네. 색불이공 공불이색. 그냥 색불이공이면 그만이지 왜 또 공불이색이라 했느냐는 거야. 그 이유는 '색이 공이다'라고 하면 흔히 말하는 허무주의로 빠질 염려가 있기 때문이야. 나도 공이고, 인생도 공이고, 지구도 공이면 도대체가 삶에 무슨 의미가 있겠나?"

내 가슴이 뜨끔해졌다.

'내가 그렇게 하다가 9년을 보냈지. '공(空)' 주의, 허무주의에 빠져 입시 준비로 5년(방위 생활 포함)에 시 쓴답시고 4년을.'

붓다가 내 옆얼굴을 보며 말했다.

"안타깝게도 허무주의로 빠지는 사람들이 너무 많아. 『반야심경』은 그래서 '색즉시공' 옆에 '공즉시색'을 붙여 놓았네. 삶의 현실을 도외시하지 말라는 거지. 모든 게 공이라는 걸 알면서도 현실의 삶을 의미 있게 살라고 한 걸세. 그래서, '색즉시공 공즉시색' 한 세트가 만들어진 거야. 절대 한 세트라는 걸 잊지 말게나."

나는 말없이 걸었다.

"다음, '색즉시공 공즉시색'도 같은 맥락이네. 색이 공이고 공이 색이란 말이지. 여기서도 한 세트야."

내가 고개를 돌려 물었다.

"정말 대단한 발견입니다. 요즘 웬만한 대학생들도 색이 공과 다르지 않다는 걸 과학적으로 이해하고 있어요. 특히 이과 학생들은 더욱요. 무슨 말인지 잘 아시죠?"

붓다가 말했다.

"아인슈타인의 상대성 이론 말하는 건가?"

"네."

"E= m·c² 나도 그건 잘 알고 있어. 물질이 빛의 속도 두 배로 달리면 에너지 곧 무가 된다는 거지. 그리고 또 ……"

놀랐다. 붓다는 현대물리학에 대해서도 막힘이 없었다. 유감스럽게도 그때 나는 붓다 말을 한귀로 듣고 한귀로 흘릴 수밖에 없었다.

나중에 기억을 되살려 자료를 찾아본 결과 붓다는 이런 이야기를 했던 것 같다. 『현대물리학으로 풀어본 반야심경』에 나온 내용이다. 현대물리학에 대한 지적 호기심이 없는 분은 무시하고 넘어가도 좋을 듯싶다.

앞서 설명한 대로 물리학자들은 1932년에 반입자를 발견했다. 물질의 기본을 이루는 입자를 소립자라고 부르는데 여러 종류의 소립자가 있다. 또 모든 종류의 소립자마다 정확히 대응되는 반입자가 있다. 반입자의 물리적 성질은 입자와 정확히 반대가 된다.

예를 들면 전자의 전기량이 '-1'이라고 한다면 반입자인 양전자의 전기량은 '+1'이다. 그리고 전자나 양전자의 질량은 꼭 같다.

물리적 진공이란 무엇일까? 물리적 진공이란 입자와 반입자가 결합하여 꽉 차 있는 상태이다. 물질이 없는 빈 상자를 생각하면 좋다. 아무 것도 없이 텅텅 비어 있는 그 상자는 사실 입자와 반입자가 서로 결합하여 빈틈없이 차 있는 상태다. 역설적으로 들릴지 모르지만 빈틈이 없기에 아무것도 없는 것처럼 보이는 것이다.

물론 입자와 반입자가 결합한다고 해서 모두 진공이 되는 것이 아니다. 진공이 갖는 에너지를 영점 에너지라고 부르는데 결합한 상태의 에너지가 영점 에너지보다 크면 관측이 되고 영점 에너지보다 작으면 관측되지 않고 진공상태로 보이게 된다.[3]

붓다는 내가 이해 못하는 현대물리학에 대해 종횡무진 설명해 나갔다. 이때만큼 나의 현대물리학에 대한 무지가 부끄러울 때가 없었다.

나는 의미 있는 눈빛과 반복적인 고개 끄덕임으로 붓다의 노고를 치하해 주었다. 나도 명색이 대학 강사인데, 지금 나에게 '강의'를 하는 붓다의 정성을 모른 체 하기 어려웠다.

"…… 그리고 '수상행식(受想行識) 역부여시(亦復如是)'는 간단해. 그

---

3) 『현대물리학으로 풀어본 반야심경』 105p

렇지?"

앞서 붓다가 이야기한 게 떠올랐다.

'수(受)는 감수작용을 말하네. 괴로움, 즐거움 그리고 괴로움도 아니고 즐거움도 아닌 감정을 말하네. 상(想)은 표상 작용으로 대상으로 식별하고 그 대상에 이름을 부여하는 작용이지. 행(行)은 인간의 의지 작용과 함께 기억, 상상, 추리 등의 정신 작용을 포괄하네. 식(識)은 어떤 대상의 상(想)이 생기기 전까지 인식하는 것을 말하네. 예를 들어 여기 놓인 컵이 자네의 눈에 '컵'으로 인식되기 전의 단계로 나타난 것을 말하지. 아직 자네의 눈에 나타난 것을 컵으로 식별하기 이전 상태야.'

붓다가 말을 이었다.

"수상행식(受想行識)은 앞서 얘기했으니 생략하세. 역부여시(亦復如是)는 '역시 그러하다'는 말이네. 결론적으로 '수상행식 역시 그러하다'가 되네."

한참 만에 붓다는 이렇게 '현대물리학과 불교철학 강의'를 마쳤다. 나는 열심히 수강하는 학생의 겉모습을 애써 보여주었다.

우리 둘은 어느새 망원역을 지나고 있었다. 곧이어 '블루클럽'이 옆으로 스쳐 지나갔다. 두 달에 한 번 꼴로 찾는 나의 이발소에는 노처녀인 듯한 주인이 있다. 언젠가 내가 나의 머리카락을 '공'으로 돌려보내려고 이곳을 찾았다.

내가 이곳을 즐겨 찾은 건 역시나 주인이 아닌 그녀의 수하에 있는 젊은 여성 헤어스타일리스트 때문이다. 물론 스타일리스트들이 아니라 스타일리스트 딱 한 명 때문이다. 그 헤어스타일리스의 손길로 내 머리카락이 공이 되길 바랐다.

딱 한번 그 헤어스타일리스트의 부드러운 손길로 내 머리카락이 공이 된 후, 나는 그 경험을 가슴에 담았다. 그래서 두 달에 한번 꼴이던 '두발 공 의식'이 한 달에 한번으로 압축되기도 했다.

그러나 단 한번의 날카로운 추억을 뒤로 하고 다시는 그 헤어스타일리스의 자리에 앉질 못했다. 내가 갈 때마다 다른 손님이 앉아 있고, 또 기다리고 있었다. 가까스로 자리가 비는 찰나가 있었다. 그때 주인이 나를 거두어 갔다.

"손님은 제가 해드릴게요."

나는 자리에 앉아서도 곁눈질로 그 헤어스타일리스트를 바라보았다. 정신이 팔린 채 머리를 다 깎고 나서 거울을 보니, 웬 낯선 남자가 앉아 있었다.

"헉! 머리가 언제 이렇게 됐나요?"

"전 손님이 시키는 대로 했는데요. 내가 여러 차례 물었고, 손님이 이렇게 깎으라고 했는데요."

"정말, 내가 이렇게 하라고 했단 말이죠?"

"네에!"

정신이 팔린 탓이었다. 딴 곳에 정신이 팔린 탓에 내 머리스타일은 예상치의 세 배 가량이나 '공'이 되었다. 그러잖아도 '공'스러운 내 머리가 더더욱 짧게 깎으니 지나치게 '공'해 보였다. '무'로 돌아가는 신성한 의식에

'색'이 끼어든 탓이다. 미모의 젊은 헤어스타일리스에게 마음이 혹한 나에게 내려진 인과응보였던 것 같다.

'공 의식'에 삿대 마음이 개입된 자에게는 불행이 있을진져!

붓다가 말했다.

"내가 이렇게 말하기는 쉬워도 이것을 내가 깨닫기까지 많은 고생을 했다네."

"그러니까 출가하고 나서 득도하기까지 말이지요?"

"내가 이것을 진작에 알았으면 얼마나 좋았겠는가. 그런 점에서 자네는 행복하네. 내가 목숨을 걸고 나서야 얻을 수 있었던 '색불이공 공불이색 색즉시공 공즉시색'을 자네는 일상 생활을 하면서 편하게 알 수 있지 않나?"

"그 점에선 붓다님께 감사드립니다."

"내가 그 소리를 듣자는 건 아니네. 본래 나는 중생들에게 아낌없이 진실을 알려주려고 했으니까 말이지."

"참, 붓다님의 출가 동기는 앞서 설명을 잘 해주셨습니다. 그런데 막상 출가를 실행에 옮기기는 쉽지 않았을 거라 생각합니다. 당시 상황에 대해 좀 더 알고 싶습니다."

붓다는 고개를 끄덕이며 자신의 이야기를 들려주었다.

문득, 태자 싯다르타는 잠에서 깨어났다. 궁전 안은 조용했다. 등불과 촛불이 실내를 비추고 있었다. 고개를 들어 보니 미희들이 보였다. 미희들은 아무렇게나 늘어져 자고 있었다.

태자는 미희들의 모습을 자세히 살펴 보았다.

한 미희는 나체의 모습으로 자신의 음부를 드러내 놓고 있었다. 그 미희는 그것도 모른 채 눈을 부릅뜨고 있었다. 그것은 시체나 다름 없었다. 다른 미희들도 마찬가지였다. 한 미희는 코를 골고 이를 갈았다. 그의 입에서는 침이 흘러 내리고 있었다. 그의 얼굴은 백짓장처럼 하얬다.

한 미희는 더욱 심각했다. 그녀는 땅바닥에 얼굴을 처박은 채 아무렇게나 대소변을 흘리고 있었다.

마치 궁전은 시체가 나뒹구는 묘지처럼 보였다. 태자 싯다르타는 온몸이 떨려왔다.

'아, 세상은 마치 불붙은 집과 같구나. 이제 곧 다 타 버리고 나면 한 줌 재가 되고 말겠지.'

태자는 중생이 불쌍하게 여겨졌다.

"아! 이곳에 어리석은 사람이 널려 있구나. 백정에게 잡혀 곧 목숨이 달아날 짐승들 같다. 독이 있는 낚시의 미끼를 삼키는 고기 같다. 나는 두 눈으로 똑똑히 보았다. 용감히 정진하여 반드시 세간을 구제하리라. 위급한 이에게는 구조의 손길이, 굶주리는 이에게는 음식이, 집 없는 이에게는 집이 되리라. 이제 내가 할 일이 있다. 기필코 이 뜻을 이루리라."

그리고 나서 태자 싯다르타는 시종 찬다카를 불렀다.

"찬다카여, 빨리 가서 내 말을 데리고 오너라. 아무에게도 이 사실을 알리면 안된다."

찬다카는 급히 달려갔다.

태자는 출가 전 아기를 한번 보고 싶었다. 태자는 아기가 있는 곳으로 가서 방문을 열었다. 아내가 그 옆에 자고 있었다. 태자는 방문 앞에 서서 생각했다.

'비록 가까이에서 아기를 보고 싶지만 내 걸음소리에 자칫 잘못하면 아내가 깨겠지. 부처가 된 후에 와서 보리라.'

태자 싯다르타는 궁전에서 곧바로 내려왔다. 그리고 말을 타고 성을 빠져나왔다. 성문이 멀어질 즈음 멈추어 돌아서서 포효했다.

"다시는 왕궁으로 돌아가지 않겠다. 절벽 위에서 몸을 던져 죽을지언정, 독약을 먹고 숨을 끊을지언정, 굶어죽을지언정 결코 돌아가지 않으리라. 내 마음먹은 대로 중생을 구제하지 못한다면 다신 왕궁에 돌아가지 않으리라."

그때 마왕이 나타나 외쳤다.

"태자여, 지금도 늦지 않았으니 속히 궁전으로 돌아가라. 그리하면 그대에게 금은보화를 쌓은 수레를 주고, 또 구만이천 개의 작은 섬들이 있는 사대주를 다스리는 왕이 되게 하리라."

태자가 맞받아쳤다.

"마왕아, 나를 유혹하지 마라. 부와 권세는 필요 없다. 나는 일만 세계를 구제하는 부처가 될 것이다."

태자는 마왕의 달콤한 속삭임을 뿌리치고 길을 떠났다. 태자 싯다르타는 하룻밤 만에 세 왕국을 지났다. 한참 만에 아노마 강가에 다다랐다. 싯다르타가 신하에게 물었다.

"이 강의 이름은 무엇인가?"

"아노마입니다."

"그렇구나. 나의 출가 역시 아노마와 같을 것이다. 나의 출가 또한 성스럽고 고귀함으로 충만할 것이다."

싯다르타는 말에서 내려 신하에게 말했다.

"말의 속도가 참으로 빨라 금시조 같았다. 이제 나는 너를 떠나야겠다. 내가 수행해야 할 곳에 다다랐으니 너는 말을 데리고 궁으로 돌아가라."

신하는 그 말을 듣고 눈물을 흘리며 말했다.

"이제까지 태자님은 포근하고 부드러운 이부자리에서 주무셨습니다. 그런데 왜 가시덤불과 자갈을 깔고 주무시겠다는 말씀입니까? 아아, 그건 아니되옵니다. 이곳에는 호랑이와 이리, 독사가 득실거리니 어찌 함부로 돌아다닐 수 있습니까? 전 태자님을 이곳에 두고 차마 혼자 돌아갈 수 없습니다."

"걱정해 주는 것은 고맙다. 내가 만일 궁중에 머문다면 불편함과 위험을 피할 수 있겠지. 허나, 늙고 병들어 죽는 고통은 벗어날 수 없지 않겠느냐? 과거의 부처님들도 그랬다. 해탈을 위해서 세속의 안락과 화려함을 모두 버렸다. 이제 나도 그 길을 걸어가리라."

그러자 신하가 얼굴 가득 눈물을 흘리며 말했다.

"태자님, 어찌 태자님을 놔두고 저 혼자 돌아간단 말입니까? 그건 절대 아니되옵니다."

태자가 말했다.

"너무 슬퍼하지 마라. 모든 중생들은 헤어짐의 고통을 피할 수 없다."

"만약 저 혼자 성으로 돌아간다면 왕께서 크게 노여워할 것입니다. 저는 그럼 왕께 무어라 말씀을 드린단 말입니까?"

그러자 싯다르타가 상투에서 마니보배를 풀어서 그에게 주었다.

"내 너에게 마니보배를 주노라. 너는 부왕에게 가서 이것을 바치고 이렇게 일러라.

'부왕이시여, 제가 출가하는 것은 누군가의 속임에 넘어가서도 아니고, 누군가의 원한을 산 것도 아닙니다. 또한 재물과 권력을 구하고자 함도 아니고, 천상에 나기 위함도 아닙니다. 저는 세속의 욕심이 전혀 없습니다. 오로지 어둡고 미혹해 삿된 길에서 헤매며 괴로워하는 중생을 구제하고자 함입니다. 저는 세간을 이롭게 하는 법을 찾으려고 출가했습니다. 그러하오니 근심을 거두어 주소서. 저는 반드시 해탈을 이루어 돌아오겠습니다.'

그리고 그 외의 여러 식구들에게 나를 걱정하지 말라고 잘 이해시켜주어라."

그리고 나서 싯다르타는 몸에 걸쳤던 온갖 귀금속을 신하에게 주었다.

"이것을 마하 프라자파티 왕비와 야소다라 부인에게 전해 주라."

곤이어 싯다르타는 칼로 자신의 상투머리를 잘랐다. 그리고 수염도 잘라 버렸다. 싯다르타는 자신의 옷을 살펴 보며 생각했다.

'이 옷은 출가자의 옷이라 할 수 없다. 출가자는 산간에 머문다. 누가 나에게 누더기 옷을 줄 것인가?'

그때였다. 누더기를 기워입은 사냥꾼이 싯다르타 태자 앞에 이르렀다. 사냥꾼이 아무 말 없이 서 있었다. 싯다르타가 그에게 말을 걸었다.

"산과 들을 벗하는 어진이여, 나에게 그대의 누더기 옷을 줄 수 있는가? 내 옷은 온갖 금은보화로 장식된 비단 옷이오. 이 옷과 그대의 옷을 바꿔 입을 수 없겠소?"

사냥꾼은 기꺼이 옷을 바꿔 주었다. 싯다르타는 자신의 옷을 두고 누더기 옷으로 갈아입었다. 그러자 방금 전까지의 왕의 모습은 온데간데 없었다. 실로 산천에 기거하는 수행자의 모습이었다.

그리고 나서 싯다르타는 속으로 외쳤다.

'이제 비로소 나는 출가했다.'

붓다가 거기까지 말했다. 당시의 결연한 청년 붓다의 모습이 눈에 보는 듯 선했다. 몇 분을 침묵 속에서 걸어갔다.

붉은 신호등 앞에서 멈추었다.

"붓다님은 보통 사람으로는 상상도 못할 용기를 가지셨었군요. 보통 사람은 수많은 번민과 갈등을 겪는데 말입니다. 소설로 치면 한 인물의 변화 과정에는 반드시 심적 번민이 있어야 설득력을 갖습니다."

붓다가 알았다는 듯이 말했다.

"난 태어날 때부터 이미 운명이 결정됐다네. 나는 알고 있었고, 그걸 그대로 실현한 것뿐이지. 내 이야기는 보통 사람의 이야기를 다루는 소설과는 다른 걸세. 다만 마왕 파피야스가 항상 나를 따라다니며 괴롭혔지."

"그러니까 인간의 이야기에는 내적 번민, 갈등이 있는 거고, 신의 이야기에는 마왕의 꾐이 있다는 말이시군요. 그러고 보니, 예수에게도 악마가 나타나 끊임없이 유혹하고 시험을 했다는 이야기가 떠오릅니다. 붓다님, 어떻게 생각하세요?"

"그 점에 대해선 언젠가 말할 기회가 있을 걸세."

붓다가 일방적으로 말을 끊었다.

고개를 들어 보니 눈 앞에 상암 월드컵 경기장이 보였다. 멀리서도 우람한 경기장의 위용이 느껴졌다.

The Great Day
With
Buddha

Part 4

모두가 꿈이다

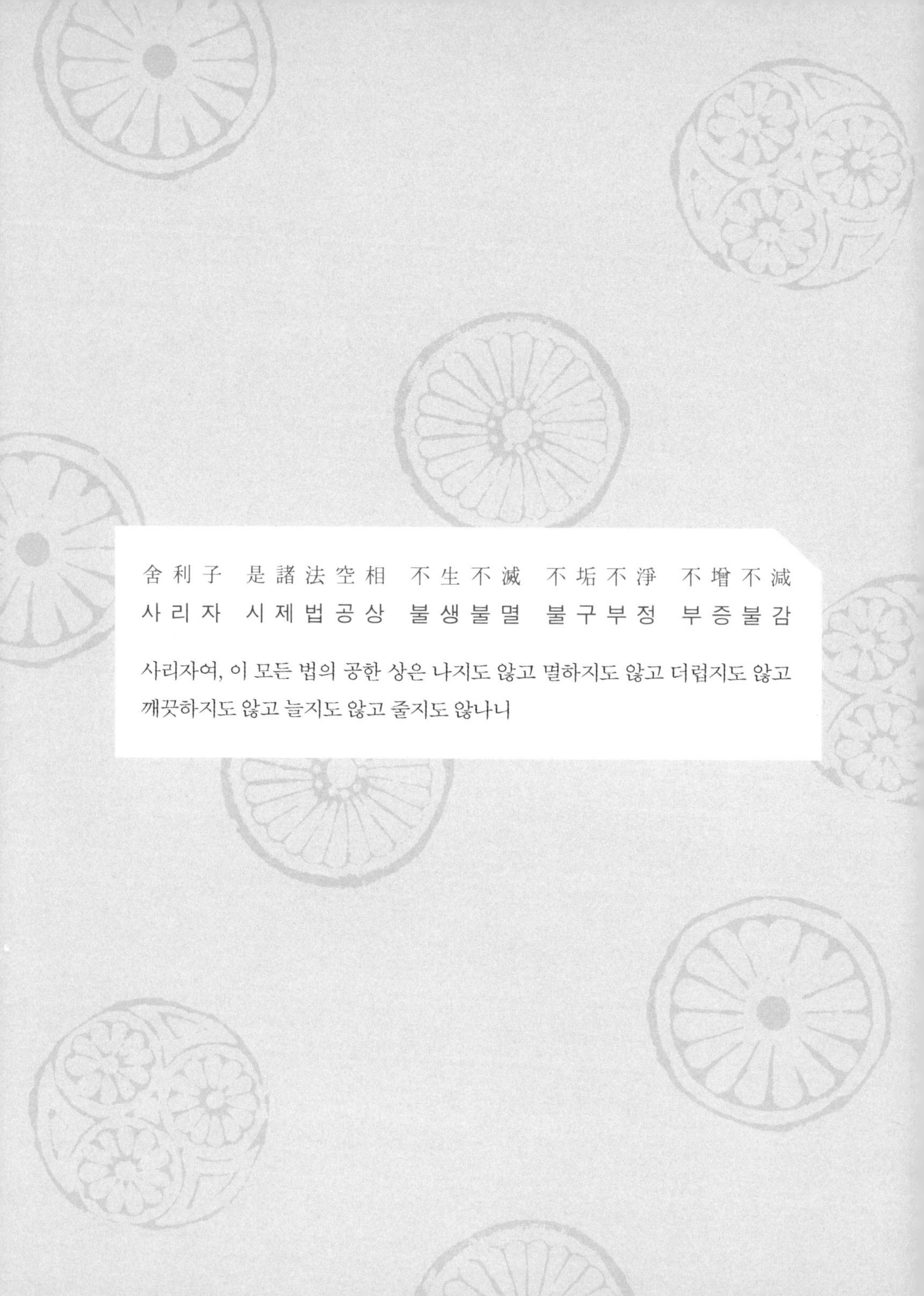

舍利子 是諸法空相 不生不滅 不垢不淨 不增不減
사리자 시제법공상 불생불멸 불구부정 부증불감

사리자여, 이 모든 법의 공한 상은 나지도 않고 멸하지도 않고 더럽지도 않고 깨끗하지도 않고 늘지도 않고 줄지도 않나니

우리 둘은 월드컵 경기장 옆을 지났다.

"저 커다란 원형 건물이 월드컵 경기장이란 말이지?"

"네."

"저 건물의 용도는 무엇인가?"

"스포츠 경기를 하기 위해 만들었습니다."

붓다가 감을 잡은 듯했다.

"좀 전에도 얘기했는데 저 건물도 '개발'로 볼 수 있어. 저 속에서는 마음의 안정을 찾을 수 없지 않나? 요란법석한 곳에서는 선정에 들 수 없지. 출가 정신을 방해할 가능성이 높아."

나는 좀 흥분이 된 어조로 말했다.

"스포츠를 한다고 해서 정신수행에 방해가 된다니, 그걸 그렇게 매도할 수 있나요? 붓다님."

"여가로 건강을 도모하는 운동은 나무랄 이유가 없네. 하지만 몸을 혹사하고, 극도로 긴장하고, 광적인 상태가 되고, 울분을 토하는 것은 권장할 게 못 되네. 우리처럼 담소를 나누며 걷는 게 최상의 스포츠가 아닐까 싶어."

"재미 없잖아요."

"설마 자네도 그런가?"

"그게 아니라 요즘 대부분의 사람들이 그렇게 생각한다는 말입니다."

나는 일찍 노숙해선지, 노쇠해선지 걷기에 맛들이고 있었다. 한 십년이 넘었다.

"자네가 말하는 재미, 그러니까 요즘 사람들이 쫓는 재미는 편향된 거라네. 좀 전에 예로 든 스포츠가 그렇지. 그게 재미의 전부가 아니라네. 그런 재미를 재미의 최고로 여기는 건 바로 이 시대와 환경의 탓이지. 생각해 보게. 지금 티베트에 사는 승려들의 삶에는 전혀 재미가 없을까? 티베트의 승려들은 광적이고 경쟁적인 재미에 탐닉할까? 전혀 안 그래. 티베트 승려들은 아기자기한 재미를 최고로 여기고 살아가고 있네. 그런 재미가 한둘이겠나? 담소, 차 마시기, 산행 그리고 참선."

"동감입니다. 저도 실은 참선의 재미는 알고 있습니다. 저는 대학 시절에 잠깐 참선을 하다가 지금은 명상을 하고 있습니다. 체험을 안 해본 사람은 모를 거라 생각합니다. 참선이나 명상 중에 재미를 몰고 오는 엔도르핀이 왕창 쏟아지니까요."

"그래, 참선이나 명상이나 그 점에선 같지."

우리 눈 앞에 월드컵 공원의 인조 호수가 들어왔다. 분수가 허공으로 쏘아올려지고 있었다. 그 앞을 커플인 듯한 남녀가 손잡고 걷고 있었다.

강아지를 쫓아 여자아이가 이쪽으로 달려왔다. 여자아이는 멍하니 우리, 아니 붓다를 바라보았다. 잠시 멈춰서 있던 여자아이는 엄마를 향해 소리쳤다.

"엄마, 저 할아버지 머리 뒤에 둥근 빛이 나."

"누구?"

"여기, 빼빼 마른 할아버지."

그녀의 시선이 이곳에 잠시 머물렀다 이내 거두어졌다.

"빛은 무슨 빛이 난다고 그래. 얼른 다른 곳으로 가자. 느낌이 안 좋아."

붓다는 멋쩍은 미소를 지었다. 고개를 돌려보니, 붓다에게 환하게 광채가 나던 원광이 휙 사라졌다.

"붓다님, 어떻게 된 건가요? 저도 잘못 본 건 아니죠?"

붓다는 고개를 끄덕였다.

"여자아이도 봤나요?"

다시 끄덕였다.

"엄마는요?"

고개를 좌우로 살짝 돌렸다.

"왜 그런가요?"

"마음에 달린 거라네."

"마음이라니요?"

"여자아이에게는 순수한 마음이 있어서 볼 수 있었네."

"저에게도 순수한 마음이 있는 건가요?"

"자넨 오랫동안 명상을 해오지 않았나? 그 효과가 나타난 거라구. 내 원광을 볼 수 있는 사람은 특별한 사람들이지. 세속에 찌들지 않은 사람, 삶의 진정한 의미를 찾는 사람, 남에게 사랑을 베풀 줄 아는 사람, 남의 아픔을 내 아픔으로 껴안은 사람, 참선이나 명상을 오래 해온 사람."

"거기에 제가 끼었군요."

"참선이나 명상의 경지가 높아가면 갈수록 순수한 마음이 생기네. 그때 저절로 자비심이 생기네. 인위적으로 이타적인 마음을 가져서가 아니라네. 온몸에서 자비심이 터져 흐르지. 그래서 자비를 베풀 수밖에 없는 거라네."

"그렇군요. 전 아직도 멀었나 봅니다."

"희망을 갖게나. 나도 출가할 때 얼마나 비장했나? 내 앞날이 어떻게 될지 장담할 수 없었지. 그러나 간절한 마음이 나를 잘 인도해 주었어. 그 간절함이 자네에게도 있어."

우리 둘은 호수가 잘 보이는 벤치에 앉았다.

"다른 사람과 달리 저에게는 간절함이 있단 말씀이시죠?"

붓다가 고개를 끄덕였다.

"죄송하지만 그 점에 대한 물증이 있습니까?"

"그건 자네가 한번 이야기해 보게나. 자네의 삶에서 가장 간절한 게 무엇인지 말이야."

간절함이라……. 호수의 수면 위에 오리가 줄줄이 헤엄치고 있었다. 제일 큰 오리 뒤로 작은 오리들이 졸졸졸 따랐다. 어미오리와 그를 따라가는 새끼오리들이었다.

고향이 떠올랐다. 바다 위에 떠 있는 제주. 내가 태어난 곳은 짙푸른 바다가 바로 내려다보이는 바닷가이다. 아침저녁으로 내 귀에는 통통통 고기잡이의 기관소리가 들렸고, 내 코에는 짭쪼름한 소금기가 묻어났다.

내 동년배는 평균적으로 20살이 되는 해에 육지로 떠났다. 대학 진학을 위해 나는 25세가 되던 해에 상경했다. 그렇다고 제주에 죽치고 있는 친구들이 전혀 없는 건 아니었다.

나는 '공'의 시간 속에 오로지 남해바다에서 '공'으로 잊혀질 것만 같은 섬, 제주를 벗어나고 싶어 안달이었다. 그러면 그럴수록 '색'의 사람이 되어야 하건만 점점 '공'적으로 변해갔다.

가까스로 방위를 제대해 마음 잡고 공부해 대학에 합격할 수 있었다. 공의 세계를 완전히 떨쳐낼 수 있는 기회가 찾아왔다.

"성공하기 전엔 절대 집에 안 내려와요!"

이것이 나의 출사표였다. 식품가게를 운영하던 어머니와 아버지는 또 무슨 수작이냐는 듯한 눈빛을 보냈다.

"그 말 학비, 생활비도 책임질 수 있다는 말이지?"

어머니는 내 말을 '경제적 독립'으로 해석해서 들으셨다.

"학비는 대 주셔야죠. 그리고 생활비도 되는 만큼만요."

이렇게 해서 제주를 떠나 육지, 서울에서 나는 '색'의 시간을 열어 나갔다. 하지만 '색'의 세계가 예기치 않게 또다시 '공'의 세계로 둔갑했고 그 속에서 내가 찾은 게 시 쓰기였다.

'그래, 시인이 되자.'

내가 시인이 되면, 집에서도 주위에서도 나를 '공'스럽게 여기지 않을 듯했다. 오히려 '공'의 세계를 훌륭하게 예술로 승화시켜 몸소 '공'의 세계를 살아낸 문인으로 받들어 줄 것만 같았다.

실제 나는 등단을 한 날, '공'과 작별 인사를 했다. 그리고 그 순간을 인생의 터닝포인트로 잡았다. 이로부터 진정한 '색'의 시간과 세계가 도래했다.

시인의 신분으로 격상됐으니 말이다. 그러나 시인이 되어도 집에선 마찬가지였다.

"시? 그거 쓰면 쌀이 나오냐? 돈이 나오냐? 번듯한 직장 들어가서 돈 벌고 빨리 장가가야지."

어머니의 '판결문'이었다. 대학 4년 동안 한번도 집에 내려가지 않았던 나에게 돌아온 말은 고작 "철부지야 이제 철 좀 들어라"는 말이었다.

그 뒤로 나는 다신 고향에 내려가지 않기로 했다. 온 나라가 나를 떠받들어 줄 때까지 절대 가지 않기로. 나를 인정해 주는 '색'의 세계에서 때깔나는 인생을 꽃피우리라 작정했다. 난 대학을 졸업하고, 대학원에 등록한 채로 학원 강사를 하면서 계속 시를 썼다. 온 나라가 인정해 주는 시 분야의 문학상이 목표였다. 하지만 쉽지 않았다. 10여 년이 지나는 동안 결코 집에 한번 내려가지 않았다.

내가 발길을 끊은 것이었지만, 집에서도 나를 버린 자식 취급을 하는지 의심스러웠다. 난 경제적 독립과 더불어 고향 집과 완전히 별개의 인물이 되어 버린 거나 마찬가지였다.

내 삶은 오로지 신문에 대문짝만하게 기사가 나오는 유명 시인이 되는데 바쳐졌다. 스스로 인정할 수 있고, 또 집에서 인정받는 그날에 금의환향하리라는 일념이었다. 어쩌면 그게 '색'의 세계를 관통하는 나의 '간절함'이었을까? 모르겠다.

붓다를 보면서 말했다.

"유명한 시인이 되려고 하는 게 간절함인가요?"

"왜 그렇게 생각하나?"

"그것 때문에 고향에 10년 동안 내려가지 못했거든요."

"흐음, 그 정도면 상당한 간절함이라 보이네. 그 간절함이 나에게까지 전달이 된 거야. 관세음보살, 관세음보살 이렇게 중생들이 염불을 해야만 내가 듣는 게 아니네. 누구나 내면에 진정한 간절함을 가지고 있으면 나는 그것을 알아차리지. 내 본업이 중생을 행복하게 하는 것, 구제해 주는 것이니 말이야.”

“그렇다면 감사합니다.”

“단 ‘진정한’이 붙은 간절함이어야 한다는 점 잊지 말게. 또 자네의 시를 통해 보다 많은 중생들이 행복해질 수 있도록 해야 해. 자신의 영달에만 매달려서는 결코 안되네. 그래야 그 간절함은 효력을 발휘하게 되는 거라네.”

“아, 그렇군요.”

“세상에 출가하는 사람이 많아. 그 가운데서 유독 내가 득도, 깨달음을 얻을 수 있었던 이유가 뭘까? 좀 전에도 얘기했듯이 나는 나 자신을 위해서 출가한 게 아니었어. 나에게는 중생을 구제하고자 하는 마음이 있었어. 내가 출가한 후 여러 스승을 찾아 나섰지만 그들에게서 중생을 구제하려는 마음을 찾을 수는 없었네.”

그리고 나서 붓다는 스승을 찾아 나섰던 이야기를 들려주었다.

이때 마왕이 나타나 싯다르타에게 속삭였다.

“태자 싯다르타여, 지금이라도 늦지 않았으니 속히 돌아가라. 가서 때를 기다려라. 그러면 그대는 이 세상의 모든 나라를 다스리는 권좌에 오를 것이다.”

싯다르타는 목소리를 높여 꾸짖었다.

"마왕이여, 어서 물러나라. 이 지상에 있는 것은 나에게 아무 의미가 없다. 내가 구하는 바는 이곳에 없다."

마왕의 유혹을 뿌리치고 난 후 싯다르타는 꿋꿋이 자신의 길을 걸어 나갔다.

한참 후 식사 시간이 되자 배가 고팠던 싯다르타는 몇 집을 찾아가 걸식을 했다.

"먼 길을 가는 승려입니다. 조금만 양식을 주시면 감사하겠습니다."

그리고 여러 가지 반찬과 밥이 뒤섞인 음식을 받았다.

'이만하면 하루 끼니로 충분하겠구나!'

그리고 나서 허겁지겁 음식을 먹기 시작했다. 포만감도 잠시, 싯다르타는 고통으로 온몸이 자지러지는 듯했다. 생전 처음 먹은 음식이 몸에 맞을 리 없었다. 싯다르타는 정신을 차리고 생각했다.

'아, 이게 무슨 꼴이지? 그 동안 호화로운 궁전에서 호사스럽고 기름진 음식만 먹고 지냈다. 그런데 나는 모든 것을 버리고 출가 승려의 길을 가고자 하지 않았던가? 누더기 옷을 입고 걸식을 하면서 깨달음을 구하고자 하지 않았던가?'

싯다르타는 좌정한 채로 식사를 했다.

식사를 다 마친 후 싯다르타는 아노마 마을을 지나 바이샬리 쪽으로 향했다. 근처 숲 속에는 한 수행자의 거처가 있었는데, 그는 아주 오랫동안 수행을 해온 자로 이름은 바르가바였다. 싯다르타가 그의 처소가 있는 숲에 들어

갈 때였다. 찬란한 광명이 솟아올라 온 숲을 비추었다.

싯다르타가 숲 속 한 가운데 들어가 수행자가 있는 곳에 이르렀다. 그곳에는 여러 수행자들이 있었다. 다들 가지각색의 행색을 하고 고난과 맞서 싸우고 있었다. 싯다르타는 한 사람 한 사람을 자세히 살펴보았다.

'음, 정말 대단해. 이들은 진정한 수도의 자세를 보여주고 있구나.'

한 수행자는 풀과 나무껍질로 옷을 삼았고, 한 수행자는 사슴 가죽과 아무렇게나 기른 머리로 옷을 삼았다. 한 수행자는 시체를 감쌌던 천과 걸레로 몸을 감았다. 한 수행자는 오로지 풀과 꽃과 열매만을 먹었고, 한 수행자는 쇠똥을 먹었다. 한 수행자는 하루에 한끼만 먹고, 한 수행자는 이틀이나 사흘에 한끼만 먹으며 굶주리고 있었다.

한 수행자는 발가벗은 채로 가시 위에 눕고, 한 수행자는 마치 뱀처럼 개미집에 머물렀다. 한 수행자는 먼지와 흙을 뒤집어쓴 채 쓰레기 위에 누웠고, 한 수행자는 한 다리로 며칠 간 서 있기도 했다. 한 수행자는 물과 불을 섬겼고, 한 수행자는 해와 달을 신처럼 모셨다.

싯다르타가 수행자 바르가바에게 물었다.

"당신들의 고행은 참으로 대단합니다. 그런데 궁금한 게 있습니다. 이렇게 고행하는 이유가 무엇입니까?"

"이렇게 고통스러운 수도를 하는 이유가 다 있지요. 이런 고행을 겪어야만 천상에 태어날 수 있으며 또 인간으로 환생할 수 있기 때문입니다. 그대도 여기서 고행을 함께 하면 그 뜻을 반드시 이룰 수 있을 것이오."

싯다르타가 말했다.

"설령 천상에 태어난다 하더라도 그 복이 다하면 여섯 갈래 윤회를 면치 못할 것입니다. 그것은 사람의 몸으로 다시 이 세상에 나온다고 해도 마찬가지입니다. 당신들이 하는 고행은 보통 사람으로서는 상상도 하기 힘든 일이라는 것을 잘 압니다. 하지만 그렇게 한다고 해서 괴로움의 근원을 떨쳐내긴 어려울 것이오."

그리고 속으로 생각했다.

'장사꾼은 금은보화를 구하고자 바다 속으로 뛰어들고, 왕은 국토를 뺏으려 전쟁을 일으킨다. 지금 이 수행자들은 하늘에 나거나, 사람으로 태어나기 위해 고행을 하는구나. 일신만을 위해.'

그때 수행자들이 싯다르타에게 다가와 말했다.

"어진이여, 그렇지 않습니다. 우리는 이 고행을 함으로써 앞으로 결코 어떤 고통도 겪지 않습니다. 우리는 이 육체를 돌보지 않고 수단과 방법을 가리지 않고 고통을 줌으로써 후세에는 반드시 쾌락을 얻습니다."

싯다르타가 말했다.

"거듭 말하지만 당신들의 말에는 지혜가 없습니다. 당신들은 평생을 고통 속에서 보내어 종국에는 쾌락을 얻는다고 하지만 사실 그럴 수 없습니다. 결국엔 또다시 고통이 찾아올 뿐입니다."

여전히 주변 수행자들의 반응은 냉담했다. 다시 싯다르타가 말했다.

"당신들이 구하는 것은 이 땅에 있지 않고 하늘에 있습니다. 당신들이 죽음을 미워하면서도 내생을 바라는 것은 참으로 어리석은 일입니다. 당신들은 하나같이 자신의 일신만을 위하고 있습니다. 나는 그렇지 않습니다. 나는 바로, 지금, 여기에서 해탈을 구하고자 합니다. 그 해탈은 지금 생로병사의 고통 속에 있는 중생들을 구제하기 위함입니다. 결코 나 혼자만의 안위를 위해서가 아닙니다.”

그때 수행자 가운데에서 한 사람이 나왔다. 브라만의 수행자였다. 그가 싯다르타를 향해 말했다.

“당신의 말은 참으로 가슴을 울리는 바가 많소. 그대가 바라는 해탈은 여기선 기대할 수 없소. 속히 이곳을 떠나시오. 여기서 멀지 않은 곳에 수행자 알라라가 있으니 그를 만나도록 하시오. 그는 드높은 지혜를 얻었으니, 가서 물음을 구하면 진정한 수행의 길을 들을 수 있을 것이오.”

다른 수행자들은 싯다르타를 만류하려 했으나, 곧 싯다르타는 길을 떠났다. 싯타르타가 수행자를 떠나 그곳을 향하던 중이었다. 싯다르타는 어느 한 나무 아래 좌정했다.

그때 마침 태자의 발자취를 따라가던 국사와 대신들이 싯다르타와 마주쳤다.

‘아, 이게 무슨 일인가? 태자께서 지금 걸식하는 승려의 모습을 하고 있다니!’

그들은 싯다르타에게 다가가 예를 올렸다.

“태자여, 속히 왕궁으로 돌아가셔야 합니다.”

그리고 왕이 전한 명을 구구절절히 전해 주었다. 하지만 싯다르타는 눈썹 하나 까딱하지 않았다.

"나는 나 혼자만을 위해 출가한 것이 아닙니다. 고통 받는 중생을 구제하고자 출가한 것입니다. 그 큰 뜻을 이루기 전에는 결코 돌아갈 수 없습니다. 나는 이 세상의 중생이 그러하듯 이렇게 나무 아래에서 거처하고 있습니다. 해탈하고자 하는 이는 궁중에서 온갖 쾌락을 맛보고, 남의 나라를 채찍으로 다스려서는 안됩니다. 그렇게 해서는 해탈에 이를 수 없습니다."

거기서 붓다는 말을 그쳤다. 내 귓속에 맴도는 붓다의 한마디가 있었다.

'나는 바로, 지금, 여기에서 해탈을 구하고자 합니다. 그 해탈은 지금 생로병사의 고통 속에 있는 중생을 구제하기 위함입니다. 결코 나 혼자만의 안위를 위해서가 아닙니다.'

이것이 붓다와 다른 수행자들을 가르는 중요한 이정표가 된 것이다. 고행을 하는 수행자들은 많았지만, 그들은 모두 자기 안락을 위했을 뿐이다.

새삼, 내 옆의 붓다가 대단하게 여겨졌고, 존경스러웠다. 붓다는 자기가 대단하다는 것을 모르는지, 아니면 모르는 체 하는 것인지 특이 동향을 보이지 않았다. 맹숭맹숭한 표정이다. 주변에 지나가는 사람들은 내 옆에 있는 이 붓다를 보고 어떻게 생각할까? 아마 이러지 않을까?

"저기, 저 할아버지 좀 봐. 인도에서 온 사람 같지 않아?"

"아냐, 전에 지리산에 갔을 때 저런 행색을 한 사람을 본 적이 있어. 뭐랄까? 인생을 달관한 사람 같아."

"나도 나이가 먹으면 저렇게 될까 걱정된다."

"그러게. 자식들한테 구박당하다 못해 집 나온 것도 같구. 돈 없으면 늙어서도 대접 못 받지."

"저 옆에 젊은 사람은 멀쩡해 보이는데."

"겉만 그러겠지."

"무슨 말이니? 너두 겉만 청순하지 속은 앙큼하잖니?"

"뭐? 얘가 못하는 말이 없네."

"저 젊은 사람도 속은 저 노인네랑 같아 보여. 서로 정신세계가 쿵짝이 잘 맞나 봐. 그렇지 않고서야 어떻게 낮에 공원에서 단둘이 시간 죽이기를 하겠어?"

"그래, 네 말도 일리가 있다."

가슴이 뜨끔해져 왔다. 주변을 두리번거렸다. 다행이 우리 둘 쪽에 시선을 고정적으로 두는 사람들은 없었다. 단지, 한번씩 눈길을 주다가 그냥 지나갈 뿐이었다. 이 시간에, 이곳을 걸어다는 사람들은 복받은 사람들이다.

대부분의 사람들은 이 시간에 직장에서, 학교와 그밖의 소속 기관 단체에서 '일'을 하고 있다.

나는? 예외다. 그러고보니, 이곳의 복 받은 것 같아 보이는 사람들 중에도 나 같은 처지에 놓인 사람들도 꽤 되리라 생각됐다. '일' 거리가 없거나 '돈'

나올 데가 궁한 사람들이 하는 수 없이 이곳을 배회하기도 하리라.

하지만 내 눈에는 그런 사람들이 잘 들어오지 않았다. 다들 여유로워 보였고, 사랑하는 연인이 있고, 돌아갈 가정이 있어 보였다.

붓다가 나직이 말했다.

"이번에는 '舍利子(사리자) 是諸法空相(시제법공상) 不生不滅(불생불멸) 不垢不淨(불구부정) 不增不減(부증불감)'이네."

나는 반사적으로 손에 든 카드로 시선을 옮겼다.

"'舍利子(사리자)'는 잘 알겠지? '是諸法空相(시제법공상)'은 '이 모든 법의 공한 상'이네. 한마디로 이 세상의 모든 게 공(空)이라는 말이지. 『금강경』에서도 전한다네. '만약 일체의 상이 상이 아님을 보면 즉 여래를 보리라.'"

"앞서 말한 것과 같은 말이네요. 색불이공의 '공' 말이지요."

"그렇다네. 이제 여기서 꼭 짚고 넘어가야 할 것을 들려주도록 하겠네. 자네 연기(緣起)라고 들어 보았지?"

"네."

"연기가 무엇이냐? 이것을 잘 알아 두어야 할 거네.『잡아함경』에 이런 글이 있네."

이것이 있으므로 저것이 있고
이것이 생하므로 저것이 생한다.

"이 말은 본래 내가 한 것이지. 내가 처음에 했던 말을 들어 보세나."

그리고 나서 붓다는 자신이 득도할 때 한 말을 들려주었다. 이것은『불본집행경』에 다음처럼 전한다.

"이른바 저것이 생기므로 이것이 생기고 저것이 있으므로 이것이 있으며, 저것이 멸함으로 이것 또한 멸하고 저것이 없으므로 이것 또한 없느니라. 곧 무명으로 인해 제행을 연하고 내지 인간의 모든 고통이 생겨나며, 무명이 소멸되면 인간의 모든 고통이 소멸되는 것이다."

"그러니까 연기(緣起)를 붓다님이 처음 말씀하셨단 말씀이지요?"

"그렇다네. 내 깨달음에서 '연기'는 아주 중요한 거라네. 연기가 없는 깨달음은 무의미하기까지 하다네. 아예 깨달음이 있을 수 없다고 보는 게 나아."

"그 정도인가요?"

붓다가 말을 이었다.

"사실 연기는 내가 독자적으로 '발명'한 것이라기보다는 '발견'했다고 봐야 해. 신대륙 발견이라 하지, 신대륙 발명이라고 하지 않지 않나? 나는 우주 자연에 생생하게 이어져온 '연기의 법칙'을 열반 과정에서 알아낸 것뿐이라네."

"그렇군요."

"연기가 무엇이냐? 세상의 모든 것은 서로 말미암아 일어나고, 함께 공존하고, 함께 변하고, 함께 의존하여 사라진다는 말일세."

갑자기 머릿속이 깜깜해졌다.

"저, 붓다님은 중생을 배려하는 마음이 지극하시니까 좀 쉽게 설명해 주십시오."

붓다가 내 얼굴을 한번 보고 나서 말했다.

"암, 그래야지. 예를 들면 여기에 두 묶음의 갈대가 있다고 하세나. 그 두 개의 묶음은 서로 의존하고 있을 때는 서 있을 수 있네. 그래서 '이것이 있으므로 저것이 있고, 저것이 있으므로 이것이 있다'가 되네. 그런데 말이야. 두 개 묶음에서 어느 하나를 떼어 낸다면 어떻게 될까? 그렇지. 다른 하나는 곧바로 넘어지고 말걸세. 그래서 '이것이 없으므로 저것이 없고, 저것이 없으므로 이것 또한 없다'가 되네. 잘 알겠나?"

나는 고개를 끄덕임으로써 붓다의 성의에 감사 표시를 했다.

"이처럼 세상 모든 게 서로 의존하고 관련을 맺어서 존재한다는 말씀이시네요. 그렇죠?"

"그렇다네. 그렇게 의존, 관련을 맺을 때 무엇이 있다(有)고 할 수 있지. 역으로 의존, 관련이 끝날 때 없다(無)고 하는 거라네. 촛불을 예로 들어 보겠네. 촛불은 그 자체로 존재할 수 없네. 촛불은 양초와 공기 그리고 성냥 이 세 가지가 의존, 관련을 맺어야만 존재하게 되지. 이 세 가지 중에 어느 한가지만이라도 없으면 결코 '촛불'은 있을 수 없네. 이 세 가지가 있어야 촛불이 있고 이 세 가지가 없으면 촛불은 없는 거라네."

붓다가 계속해서 말을 이었다.

"이 세상에서 존재하는 것은 다 이렇다네. 자네는 어떨까? 자네 혼자만으로 이 세상에 존재할 수 있을까? 자네는 자네 부모의 의존, 관련 속에 태어나게 된 거라네. 자네의 부모는 조부모의 의존, 관련 속에서 태어난 것이고. 이렇게 죽 올라가다보면 자네의 존재는 수천년 수만년의 한 부부의 인연에 의해 만들어졌다고 볼 수 있어."

나는 잠시 침묵했다.

"……"

"그러니까 연기에 의해서 사물이 존재하는 것이고, 연기가 다하면 사물은 존재하지 않는 거라네. 그래서 이 세계의 모든 것은 본래 없는 것, 공(空)이라네. 세계, 즉 '이 모든 법(是諸法)'은 '공의 상(空相)'이라네. '是諸法空相

(시제법공상)' 이해되지? 그래서 다만 연기의 법이 있을 뿐이지. 중생들은 이것을 깨닫지 못해서 고통에 빠진다네. 그것을 나는 '12연기(緣起)'로 설명했지."

그러면서 붓다는 회상에 젖어 들어갔다. 이 이야기는 『잡아함경』에 이렇게 전한다.

부처님께서 마가다국의 왕사성 죽림정사에 계실 때였다. 어느 날 부처님은 성 안으로 들어가 걸식을 하는데 옷을 입지 않고 사는 외도 아쩰라 깟사빠가 다가와서 물었다.

"한가지 여쭈어 볼 것이 있습니다. 대답해 주시겠습니까?"

"깟사빠여, 지금은 적당하지 않다. 집으로 들어가서 이야기하자."

그러나 그는 한가지만 간단하게 여쭤볼 것이니, 여기서 대답해 달라고 했다.

"고타마여, 괴로움은 자아에 의해 생기는 것입니까?"

"그렇지 않다."

"그러면 괴로움은 남들에 의해 만들어집니까?"

"그렇지 않다."

"그러면 괴로움은 자아에 의해 저절로 생기고, 남들에 의해서도 생기는 것입니까?"

"그렇지 않다."

"괴로움이 자아에 의해 생기는 것도 아니고, 남들에 의해 생기는 것도 아니라면 우연으로 생기는 것입니까?"

"그렇지 않다."

"그렇다면 괴로움이란 존재하지 않는 것입니까?"

"괴로움이 존재하지 않는 것은 아니다. 괴로움은 분명 있다."

"그러면 고타마께서는 괴로움을 알지도 못하고, 보지도 못하고 있는 것이 아닙니까?"

"나는 괴로움을 알지 못하고, 보지 못하는 사람이 아니다. 나는 괴로움을 아는 사람이요, 괴로움을 보는 사람이다."

"어찌된 일입니까? 고타마시여, 저의 모든 물음에 당신은 '그렇지 않다'고만 말했습니다. 그런데도 당신은 괴로움이 분명히 있고, 그 괴로움을 알고 또 본다고 단언하고 있습니다. 그렇다면 저에게 괴로움의 본질을 가르쳐 주십시오."

"깟사빠여, 자아가 괴로움을 만들고 그 자신이 그 결과를 경험하는 것은 실체적 자아가 있다는 의미다. 이것은 결국 '상주론(常住論)'이 되고 만다. 반대로 자기가 행동하고 다른 사람이 그 결과를 경험한다면 이것은 괴로움이 남에 의해 생기는 것으로 해석할 수 있다. 따라서 이는 인간이 죽으면 아무것도 남지 않으며 업보도 내세도 없는 '단멸론(斷滅論)'이 되고 마는 것이다.

나는 이 두 극단을 떠나 중도(中道)로써 법을 가르친다. 무명(無明)에 의해 의지(行)가 생기고, 의지에 의해 의식(識)이 발생한다.

의식에 의해 마음과 육신의 결합(名色)이 생기고, 마음과 육신의 결합에 의해 다섯 가지 감각기관과 의식(六入)이 생긴다. 다섯 가지 감각기관과 의식에 의해 접촉(觸)이 일어나고, 접촉에 의해 감각(受)이 발생하고, 감각에 의해 욕망(愛)이 발생하고, 욕망에 의해 집착(取)이 발생한다. 집착에 의해 존재의 상태(有)가 생기고, 존재의 상태에 의해 태어남(生)이 발생하고, 태어남에 의해 늙고 죽음(老死), 슬픔, 괴로움 등이 발생한다.

하지만 무지(無明)를 완전 소멸하면 의지(行)와 그 외의 것들이 사라지고, 의지의 소멸에 의해 의식(識)과 그 외의 것들이 사라진다. 이렇게 해서 이 모든 괴로움이 사라진다."

거기까지 말하고 나서 붓다는 나를 바라보았다.

"어때, '12연기(緣起)'의 깊은 뜻이 이해가 되나?"

나는 감을 잡지 못했다. 이를 눈치챘는지, 붓다가 가슴팍의 주머니에 손을 가져갔다. 카드를 꺼냈다.

"이걸 보면 잘 정리가 될 걸세."

12연기(緣起)

1. 무명(無明) : 연기의 진리를 알지 못한 근원적인 무지.

2. 행(行) : 행위의 집적이다. 사고행위, 언어행위, 신체적 행위 등의 모든 행위.

3. 식(識) : 인식판단의 의식작용임과 동시에 인식판단의 주체. 감각작용으로서의 안식(眼識), 이식(耳識), 비식(鼻識), 설식(舌識), 신식(身識)의 5식과 의식(意識)을 가리킨다.

4. 명색(名色) : '식'의 대상으로서 인식된 물질(色)과 정신(名)이다. 명색은 6식의 대상으로서의 색(色), 성(聲), 향(香), 미(味), 촉(觸), 법(法)의 6경(六境)이다.

5. 육처(六處) : 6경을 인식·판단하기 위한 능력이 있는 기관이 '육처'이다. 이것은 안근(시각기관 또는 그 능력), 이근(청각기관), 비근(후각기관), 설근(미각기관), 신근(촉각기관), 의근(사유 기관)을 말한다.

6. 촉(觸) : 근, 경, 식의 셋이 접촉하는 것이다. 즉 3자의 화합이 '촉'이다.

7. 수(受) : 근, 경, 식의 3자가 화합하여 생긴 고락(苦樂) 등의 감수작용(感受作用)이다. '수'에는 고수(苦受), 낙수(樂受), 불고불락수의 3수가 있다. 이것을 다시 육체적, 정신적인 두 방면으로 나누어 우(憂), 희(喜), 고(苦), 락(樂), 사(捨)의 5수로 나누기도 한다.

8. 애(愛) : 갈애(渴愛), 즉 맹목적인 사랑을 말한다.

9. 취(取) : 취착(取着)의 뜻이다. 즉 싫어하는 것을 버리고, 좋아하는 것을 취하는 취사선택의 행동이다.

10. 유(有) : 취착적 행위가 계속되고 선악업이 축적되어 잠재력으로 자리잡은 것을 말한다.

11. 생(生) : 내세의 생이라 할 수도 있으며, 혹은 시시각각으로 변화하여 새롭
  게 나타나는 모습.

12. 노사(老死) : 늙고 죽음 혹은 그와 관련된 고통.

카드를 받아든 나는 아찔했다.

"붓다님, 연기는 참 체계적이고 빈틈없는 듯합니다. 이것은 두고두고 이
해해 볼까 합니다."

붓다가 말했다.

"그렇게 하세나. 시간을 두고 하나하나 이해하는 맛이 있을 걸세. 허나,
이것만은 명심하게나. 연기의 법을 모르는 상태, 곧 무명이 소멸되는 순간
인생의 모든 고통이 사라진다는 것 말일세."

"네."

나는 생각했다.

'현재 내가 겪는 실직의 서글픔과 생계의 막막함, 가정 없이 나이 마흔을
넘긴 데서 오는 외로움, 결국 한 줌 흙으로 돌아간다는 허무함. 이것을 극복
할 수 있는 게 연기법이구나.

'저것이 생기므로 이것이 생기고 저것이 있으므로 이것이 있으며, 저것이
멸함으로 이것 또한 멸하고 저것이 없으므로 이것 또한 없느니라.'

이것을 진정 깨닫게 되면 모든 번뇌, 고통, 고민에서 벗어날 수 있다는 말
이구나.'

그때 붓다가 말했다.

"이제 다시 본론으로 들어가세. '是諸法空相(시제법공상)' 다음 '不生不
滅(불생불멸) 不垢不淨(불구부정) 不增不減(부증불감)' 이 말은 간단하네.
그렇지 않나? 이 세상의 실상은 공이잖나? 물론 연기법을 제외하고 말일세.
그러니, 자연스럽게 생기는 것도 없고 멸하는 것도 없지. 그리고 더러운 것
과 깨끗한 것의 구별도 없지. 결국 이 세상은 늘어나는 것도 없고 줄어드는
것도 없다네."

The Great Day With Buddha

Part 5

진정한
스승을 찾아서

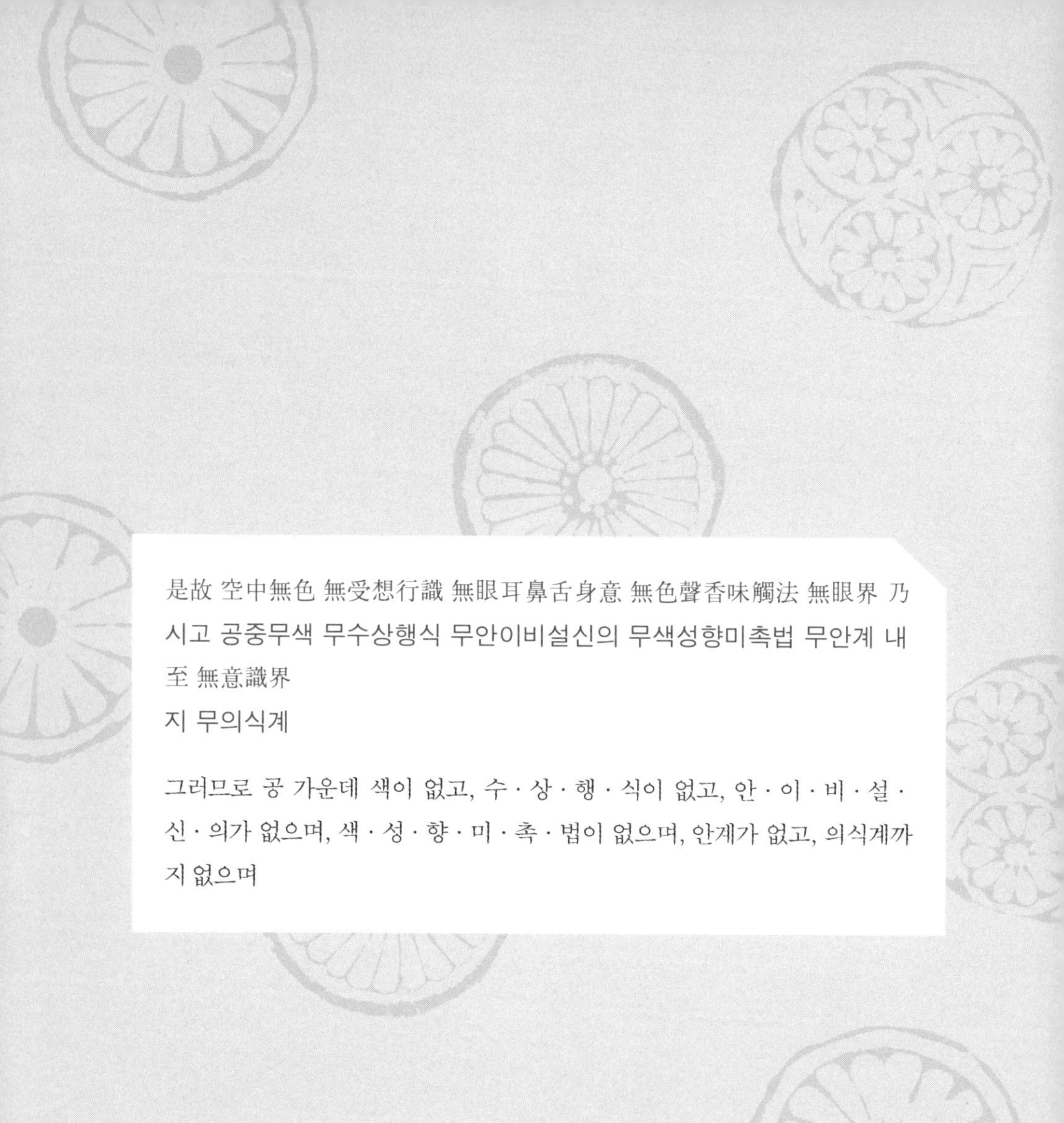

是故 空中無色 無受想行識 無眼耳鼻舌身意 無色聲香味觸法 無眼界 乃
시고 공중무색 무수상행식 무안이비설신의 무색성향미촉법 무안계 내
至 無意識界
지 무의식계

그러므로 공 가운데 색이 없고, 수·상·행·식이 없고, 안·이·비·설·
신·의가 없으며, 색·성·향·미·촉·법이 없으며, 안계가 없고, 의식계까
지 없으며

점차 내 손에 들린 카드는 많아졌다. 그럴수록 붓다를 자처한 노인이 정말 붓다라는 확신을 갖게 되었다. 내 소망은 현실화되는 듯했다.

나는 그만큼 절박한 상태에 놓여 있었다. 목숨이 위급한 상황에서는 지푸라기라도 잡는다는 말이 있다. 나 역시 그랬다. 그의 말대로 정말 그가 붓다이길 바랐다.

나는 본래, 이 세상에는 설명할 수 없는 현상이 많다고 생각해 왔다. 우리가 상식이라고 하는 것 그리고 초·중·고, 대학에서 배우는 지식은 설명 가능한 것들에 한해진다. 하지만 설명할 수 없는 것은 동네 무당집, 교회, 숲 속의 사찰 등 사회 곳곳에서 통용되고 있다!

　가령, 무당은 귀신과 만나고, 목사는 성령과 만나고, 스님은 부처님을 만나고. 이런 일들이 눈썹 하나 까딱하지 않고 사실처럼 전해지고, 또 사실로 받아들여지고 있다. 난 이런 걸 어느 정도 용납하는 사람이다.

　그래서 나는, 내 곁의 붓다를 붓다로 받아들이기로 했다. 안타깝게도 붓다가 아니라는 증좌만 발견되지 않는다면 말이다.

　우리 둘은 누가 먼저랄 것도 없이 자리에서 일어났다.

　"저기, 뒤쪽 좀 보세요."

　붓다가 고개를 돌렸다. 그곳에 불쑥 튀어나온 산이 있었다.

　"평지에 우뚝 솟은 산이구먼."

　"어떤 느낌이 드시나요?"

　"여러 산등성이가 어우러진 곳에 산이 우뚝 솟아 있는 것은 이상하게 없지. 그런데 평지에서 더욱이 옆에는 한강이 흐르는데 산 하나가 있으니 좀 이상해 보이기는 하네."

　"네, 잘 보셨습니다. 저건 원래 쓰레기 산이었습니다. 난지도라고 불렸지요. 하지만 2002 월드컵에 맞추어 생태 공원으로 탈바꿈을 하게 된 거지요."

　"오호, 그건 참 좋은 현상이구먼. '개발'이 아니라 '재활용'이니 말일세."

　"네, 그렇습니다. 재활용치고는 아주 잘 해놨습니다. 붓다님, 한번 올라가 보실래요?"

　"그래, 쓰레기 더미가 살아 있는 산으로 변한 모습을 가까이서 보고 싶네."

"그럼 저를 따라 오세요. 저 산은 '하늘공원'이라고 합니다. 제가 가장 사랑하는 산책 코스이지요."

나와 붓다는 공용 주차장을 건너 '하늘공원' 앞에 다다랐다. 수직에 가까운 벼랑에 지그재그형 계단이 이어져 있었다. 그 계단으로 형형색색의 옷을 입은 사람들이 꼬리에 꼬리를 물고 올라가고 있었다.

붓다와 나는 잠깐 사람들 사이에 치이느라 말을 잃어 버렸다. 겨우 두 사람이 지나갈 수 있는 비좁은 계단으로 사람들이 오르내렸다. 계단은 오르는 사람과 내리는 사람으로 두 줄이 만들어졌다.

허벅지가 뻐근해질 무렵 정상에 다다랐다. 나는 붓다를 의식해 탄성을 내뱉었다.

"와아—."

보통 이런 소리는 해발 1,000m가 넘는 산 정상에 오를 때 내는 소리였다. 나는 주위를 의식해 작게 소리를 냈다.

붓다가 말했다.

"역시 오르길 잘했네. 풍광이 좋구먼."

"여기보단 저쪽으로 가면 더 좋습니다."

나는 붓다를 안내했다. 시원한 하늘이 펼쳐졌다. 갈대들이 서로 바람에 비벼지고 있었고 커다란 풍력발전기 서너 개가 빙글빙글 돌아가고 있었다. 언제나 느끼는 것이지만 이곳은 마치 다른 세상 같았다.

이국적인 풍경 앞에서 커플들은 강아지마냥 좋아했다. '나 잡아 봐라' 하는 모습도 보였고, '내 멋진 모습을 잘 찍어줘' 하는 모습도 보였고, 손을 잡고 심심하게 걸어가는 모습도 보였다.

우리 둘은 그 속에서 이질적인 모습으로 천천히 발걸음을 뗐다.

"이런 산책로가 있다니 행운이군."

"네, 이건 정말 축복이죠. 이런 자연 경치가 지척에 있으니 말이죠."

풍력 발전기가 나를 알아봐주는 듯 잠깐 멈칫했다가 다시 팽그르르 돌아갔다. 좀전에 붓다가 하다만 이야기가 떠올랐다. 스승을 찾아 나섰던 이야기. 그 후이야기가 궁금해졌다.

'붓다는 진정한 스승을 만났을까? '비리'가 없는 스승, 그래서 흠모해야 마땅할 스승을 만났을까?'

붓다는 내 속 마음을 꿰뚫었는지 이야기를 이어갔다.

싯다르타는 다음 날 이른 아침, 판다바산에서 내려와 라자그리하에 이르렀다. 그리고 걸식을 하기 위해 다시 마을로 향했다. 마을에서 싯다르타를 본 사람들이 놀라워했다.

"저기 봐요, 수행정진하는 승려이신가 봐요."

마을 사람들이 싯다르타에게 몰려들었다.

"한 말씀 해주십시오."

"제가 뭘 안다고요. 저는 아직도 갈 길이 먼 수행자입니다."

싯다르타는 마을 사람들의 시선에도 아랑곳하지 않고 집집을 방문하며 걸식했다.

때마침 이 마을 왕이 싯타르타가 이곳에 왔다는 소식을 전해 들었다. 왕은 곧바로 말을 달려 이곳에 다다랐다. 싯다르타의 독실한 모습을 본 왕은 기뻐하며 예를 갖춘 후 말했다.

"당신의 외모는 보통 사람과 다릅니다. 당신은 한 나라의 왕족임에 틀림없습니다. 당신의 태생을 알고 싶습니다."

"나는 히말라야 중턱에 있는 석가족의 자손입니다. 성은 '태양의 자손'이라 합니다. 우리 가문은 카필라바스투를 다스리는 왕족입니다. 저는 그곳에서 출가했습니다."

"당신은 지금 한창 나이입니다. 또한 귀한 신분으로 밥그릇을 들고 걸식하는 것은 어울리지 않습니다. 당신은 화려한 궁전에 머물면서 세상을 다스려야 합니다. 대체 무슨 이유로 출가하여 수행자의 길을 가는지 의문입니다. 당신에게 제안을 하나 하겠습니다. 만약 당신이 나를 돕겠다고 한다면 당신에게 나라의 절반을 주어 다스리게 하겠소. 만약 이 나라도 마음에 들지 않는다면 다른 나라를 칠 수 있도록 수만 병사를 지원해 드리리다."

싯다르타가 왕에게 말했다.

"나는 이미 왕의 자리를 버렸습니다. 그런데 어떻게 또다시 한 나라의 왕이 되겠습니까? 상상하기도 싫습니다. 무릇 세간의 다섯 가지 욕망은 활활 타오르는 불꽃과 같습니다. 이 불꽃은 중생을 고통으로 몰아넣고 종국에는 죽음에 이르게 합니다. 내 어찌 그런 욕망에 미련이 있겠습니까? 내가 출가

한 이유는 중생의 늙고 죽는 고통을 구제하고자 함입니다. 그 고통을 구제할 수 있는 깨달음을 얻고자 합니다. 그러니 저는 이곳도 곧 떠나 다른 곳으로 가야 합니다.”

왕이 합장하며 말했다.

“그대는 틀림없이 깨달음을 얻은 부처가 될 것입니다. 수행자여, 나에게 가르침을 주소서. 내 기꺼이 그대의 수발이 되어 드릴테니 그대의 법을 듣고 싶습니다.”

싯다르타가 미소를 지으며 말했다.

“대왕의 간곡함을 모르는 체 하기 어렵군요. 그대에게 네 가지 가르침을 알려드리겠습니다. 첫째 마음을 안정되게 가지며, 둘째 육체의 꼬드김에 빠지지 말며, 셋째 항상 바른 법을 행하여 나라를 다스릴 것이며, 넷째 백성을 고통에 있게 하지 말 것입니다. 이렇게 하면 나라는 나라대로 왕은 왕대로 많은 복락을 누릴 것입니다.”

그 말을 듣고 나서 왕은 자신의 성으로 돌아갔다. 싯다르타는 그 마을을 떠나 바이샬리 성으로 향했다. 성에 가까이 당도했을 즈음 알라라 수행자의 처소에 닿았다. 수행자는 싯다르타를 알아보고 나와 영접했다.

“고생 많으셨습니다.”

알라라 수행자는 싯다르타를 보고 기뻐했다.

“과거에도 많은 왕들이 수행의 길을 나섰습니다. 그러나 그 왕들은 다섯 가지의 욕망을 마음껏 누리다가 육체가 노쇠해졌을 때에야 집을 떠나 도를 배웠습니다. 허나, 그대는 한창 나이에 뿌리치기 힘든 그 욕망을 일시에 떨쳐버리고 여기까지 오셨으니 참으로 대단합니다. 부지런히 정진하시어 저 언덕을 건너가셔야 합니다. 해탈에 이르셔야 합니다."

그 말을 듣고 싯다르타가 말했다.

"저를 알아봐주서서 감사합니다. 지혜가 높은 당신이 저에게 가르침을 주소서. 중생이 늙고 병들어 죽는 고통을 끊는 법을 알려 주십시오."

"당신은 이미 그러한 뜻을 가졌다는 것만으로도 상당한 경지에 올라 있습니다. 그리고 내가 보기에 당신은 이미 스스로 큰 지혜의 길에 들어선 것으로 보입니다. 아무쪼록 지금까지 해온 것처럼 수행정진을 계속하다 보면 틀림없이 해탈의 열매를 얻으시리라 확신합니다."

싯다르타가 알라라 수행자 곁에 다가가 말했다.

"당신을 만나 뵙고서야 그 사실을 알게 되었습니다. 참으로 아직도 저는 멀었습니다."

"이제 곧 당신은 큰 깨달음을 얻게 될 것입니다. 이제 나와 함께 이곳에서 대중을 교화합시다."

그러면서 알라라 수행자는 자신을 낮추었다. 알라라 수행자는 싯다르타와 똑같은 위치에 서고자 했다. 싯다르타는 생각했다.

'아직 여기에 머물 순 없다. 내 갈 길이 얼마나 먼가? 이곳에서 그대로 머문다면 나는 결코 중생을 구제하는 도를 깨칠 수 없을 것이다. 이곳에서는 해탈을 기대할 수 없어.'

싯다르타는 미련없이 다시 길을 떠나갔다.

그때 가까운 곳에 수행자 웃다카가 대중을 영도하고 있었다. 싯다르타는 그를 찾아가 배움을 구하고자 했다. 하지만 도착한 지 얼마 지나지 않아 '비상비비상처정(非想非非想處定)4)'이라는 선정을 배우고 곧 스승의 경지에 이르게 되었다. 그러나 이 또한 중생을 구제할 해탈의 법이 아님을 깨달았고 다시 길을 떠났다. 그렇게 해서 그곳을 떠났다.

거기서 붓다는 말을 그쳤다. 갈대 위를 차르르르 바람이 미끄럼을 탔다. 갈대숲 틈바구니에서 폴짝폴짝 뛰어다니는 야생 토끼가 보였다. '하늘 공원'을 만들면서 각별히 생태 이미지를 살리려는 관계자의 배려로 사육장에서 길러진 토끼가 생고생을 하고 있는 것이다.

토끼가 당황스러운 듯 눈동자를 굴렸다. 그 눈빛은 지금 위기의 외줄을 건너고 있는 내 심정을 그대로 담고 있었다.

"붓다님, 잘 들었습니다."

붓다가 고개를 돌려 토끼에게 아는 체를 했다. 토끼가 귀를 쫑긋 올렸다. 그러더니 우리 쪽으로 폴짝폴짝 뛰어왔다.

"아이 같이 귀엽고 예쁘구나."

---

4) 무색계 4천 중 가장 마지막 단계로 비유상비무상처(非有想非無想處)라고도 한다. 3계의 가장 높은 경지에 있어 거친 생각이 없으므로 비상(非想) 또는 비유상(非有想)이라 하며, 그러면서도 자세한 생각이 없지도 않으므로 비비상(非非想) 또는 비무상(非無想)이라 한다.

붓다는 토끼를 쓰다듬어 주었다. 토끼는 겁 없이 붓다에게 목숨을 맡기다시피했다. 토끼는 자신을 쓰다듬는 노인이 붓다라는 걸 알았을까? 토끼는 너무나 평온해 보였다.

나에게 쏠려 있던 붓다의 관심과 애정을 빼앗겼다는 생각이 순간 들었다.

"와아 – 경치 참말로 좋다아!"

토끼는 냅다 제자리로 도망갔고, 붓다는 자리에서 일어났다.

"경치는 좀 전에도 이미 좋았지 않나? 토끼가 놀라잖아!"

"아, 그렇군요. 갑자기 하늘이 포근한 천장처럼 느껴져서 그만……."

'하늘 공원' 가운데로 들어가니 온통 갈대밭이었다. 머리를 들면 이마가 하늘에 쿵 부딪칠 정도로 가깝게 느껴졌다. 이름만 멋진 '하늘공원'이 아니었다.

"좀 전에 붓다님이 스승을 찾아 나섰던 이야기 있잖아요?"

"그래."

"결국 붓다님에겐 진정한 스승이 없다는 말씀이시네요."

"그렇지. 하지만 나에게 큰 도움을 준 두 분이 바로 알라라와 웃다카 수행자라네. 그 두 분께 나름 많은 것을 배웠네. 그렇지만 그 두 분은 일정한 한계에 머물렀지. 그래서 나는 다시 길을 떠난 걸세."

"그 다음에도 스승을 찾진 못하셨나요?"

"그 후로도 스승이 될 만한 여러 수행자를 찾았지. 결국엔 아무도 나의 진정한 스승이 되지 못했네. 그래서 다시 길을 떠났네. 그 뒤로도 나는 여러 수행자를 만났지만 스승을 만나진 못했네."

"그래서 나중엔 무소의 뿔처럼 혼자 가셨군요."

"그러네. 해답은 내 안에 있다는 결론을 얻은 걸세."

그때 어디선가 한 줄기 바람이 불어왔다. 내 뺨을 스치고, 붓다의 머리칼을 어지럽히며 스쳐 지나갔다. 한 줄기의 바람은 마치 붓다 말의 극적인 여운 역할을 했다. 기막히게.

우리 둘은 말을 아끼면서 걸었다. '하늘공원'에서의 우리 행보는 참말로 무질서하고 무규칙했다. '하늘 공원' 중심의 탑으로 나아가다가, 다시 외곽으로 난 길을 걸어가다가 다시 중간에 방향을 틀어 길이 난 데로 하염없이 걸었다.

걷는 도중 붓다와 나의 비슷한 점을 발견하게 되어 반가웠다. 붓다에게 스승이 없다는 점과 나에게 스승이 없다는 점은 너무나 닮았다. 혹시 나에게도 득도의 잠재력이 숨어 있는 것은 아닐까? 우쭐해졌다.

'진정한 스승'이라고 부르기는 좀 그렇지만, 인생에 도움을 준 두 명의 선생님이 계시다. 초등학교 담임선생님과 대학 강사님.

초등학교 담임선생님은 언제나 배가 불룩한 모습으로 기억된다. 뚱보 남자 선생님이 아니다. 임신한 여자 선생님이다.

초등학교 3학년 때쯤의 일로 기억된다. 나는 본시 바닷가에서 태어난 그대로의 심성을 유감없이 발휘하며 학교를 다녔다. 무슨 말이냐? 인위적이고 규칙적인 걸 싫어했다는 의미이다. 인위적인 것이란 암기해야 하는 모든 과목을 말하고, 규칙적인 것이란 수학, 과학과 정해진 시간에 등교하는 것을 말한다.

이것들이 나하곤 안 맞아도 참말로 안 맞았다. 그래서인지 항상 늦게까지 학교에 남아 공부를 하게 되었다.

이런 식으로 학교를 다니다가는 학교까지 안 맞을 판이었다. 그때 우리 배불뚝이 담임선생님은 나를 '보우'했다. 늦게까지 남아 '베끼기' 숙제는 안 하고 노트에 낙서를 하던 나를 보고 말했다.

"늬는 그림 하난 잘 그리네. 왜 전에 사생 대회 할 때 안 나갔노?"

나는 말을 삼갔다.

"늬는 내일까지 풍경화나 하나 그려와라."

그날 집으로 돌아온 나는 마루바닥에 엎드려 그림을 그렸다. 그 그림은 나중에 교실 벽에 장식되었다. 실로 나의 존재가 반 전체에 각인된 것이다.

그 일로 담임 선생님은 나를 그림 잘 그리는 학생으로 인정해 주었다. 물론 선생님의 추천으로 사생대회에도 여러 번 참가했고, 입선도 다수했다.

이 분이 내 인생에 도움을 많이 준 선생님이다. 일찍이 내 재능을 알아봐 주시고 또 격려를 해주셨으니까. 하지만 내 재능은 집안에서 인정받지 못했기 때문에 평범한 학생으로 성장할 수밖에 없었다.

나의 두 번째 선생님은 대학교 때 현대 문학을 가르치는 시간강사였다. 당시 시 창작으로 '공'과 전투를 벌일 때이니만큼 가끔 강의에 출석할 때

였다. 때가 마침 중간 고사 시간이었다. 무엇 무엇에 대해 설명하라는 식의
서술형 문제가 내 눈 앞에 놓였다. 나는 평소 준비한 시상을 유감없이 발휘
했다.

내 답안을 받은 시간강사는 다음 강의 시간에 이렇게 말했다고 한다.
"이 학생은 크게 되면 크게 되고, 안되면 크게 안될 학생이다."
이 말을 전해 들은 난 호기심으로 강의실에 들어갔다. 그 후로 몇 번의 우
여곡절 끝에 그 시간강사와 내가 잘 통할 것 같은 확신을 갖게 된 계기가 있
었다. 내가 정기구독하던 문예지에서 그 강사의 이름을 보았던 것이다. 당당
히도 시 부문 심사위원으로 나왔다!
언젠가 강의가 끝날 때 내가 습작해 둔 시를 봐달라고 요청했다. 그러자
그는 순순히 그러겠노라 했다. 다음 날 강의가 끝나자 그는 나에게 지도편달
을 해주었다.
이것은 무엇이 잘못됐고, 저것은 무엇이 잘못됐어. 시라는 건 요렇기 때
문에 시의 언어는 요러코롬 써야 돼.

그 지도는 결정적으로 내 습작 실력을 레벨업 시켜주었다. 그의 공로로 나는 그 다음 해 '시 쓰기 공인 자격증'을 딸 수 있었다. 이 분은 정말 나에게 도움을 많이 준 선생님이다. 한 학기라는 짧은 인연이 안타까울 따름이다.

어쩌면 한 학기가 아니라 대학 4년의 인연으로 만났다면 이 분이 나의 진정한 스승이 됐을지도 모르겠다. 어디까지나 바람이자 예상이지만.

여전히 나는 배고프다, 진정한 스승이. 나는 이 두 분을 뒤로 하고 진정한 스승을 찾아왔다. 허나, 붓다처럼 나도 이젠 내 스스로 길을 찾아야 될 것 같다.

6월, 뜨거운 햇살이 머리 위로 쏟아졌다. 하지만 시원한 바람이 있어서 다행이었다. 붓다와 나는 길이 이끄는 대로 걷다가 어느새 한강이 내려다보이는 전망대에 멈춰섰다. 산책을 하다가 이곳에 몇 번 들른 적은 있다. 하지만 매번 난 이곳까지 오지 않고 하늘공원 입구의 식수대만 들르고 곧바로 다른 행선지로 나아갔다.

실로 이곳에 온 게 손꼽을 만했다. 오랜만에 전망이 탁 트인 곳에 오니 기분이 날아갈 것 같았다. 입이 쩍 벌어지면서 감탄이 터져 나오려는 것을 간신히 꾹 참았다.

붓다는 속 불편한 듯한 표정의 나를 아무렇지 않게 쳐다보았다. 붓다의 머리카락이 한강에서 불어오는 시원한 바람에 마구 흩날렸다. 붓다의 남방도 바람에 부대꼈다.

붓다는 바람을 음미하는 듯했다. 이윽고 붓다가 입을 살며시 열었다.

"이런 곳에 오면 마음이 홀가분해지지."

붓다의 눈치를 보던 내가 대꾸를 했다.

"그렇지요."

"열반이니 해탈이니 하는 말은 어렵지만 간단히 생각하면 바로 이 전망대와 비슷하네."

"네?"

"어디에도 마음이 얽매이지 않는다는 점, 시야가 한없이 열린다는 점, 공중에 붕 뜨는 듯한 착각이 든다는 점, 대자연과 일대일 대면한다는 점 등이 그렇다네."

"그렇게 보시는군요. 저도 동의합니다. 저도 그런 생각을 해왔으니까요."

"실제로 열반의 경지에 오르면 전망대와 같은 시야가 열린다네."

그 말을 들은 나는 전에 주워들은 지식을 떠올렸다.

"그건 제가 관심이 많은 분야인데 잘 말씀하셨습니다. 신통력 말씀하시는 거지요?"

붓다는 어딘가에 집중을 하는 듯 고개만 끄덕였다. 내가 재빨리 선수쳤다.

"신통력에는 여섯 가지가 있다고 들었습니다."

붓다는 신통력의 세계에 침잠해 들어가는 듯했다.

"첫째, 천안통은 멀고 가까운 것 그리고 크고 작은 것 상관없이 무엇이나 분명하게 보는 능력입니다. 둘째, 천이통은 멀고 가까운 것 그리고 높고 낮은 것 상관없이 무엇이나 잘 듣는 능력을 말합니다. 셋째, 신족통은 공간에 걸림 없이 왕래하는 것을 말합니다. 넷째, 타심통은 사람을 포함해 모든 중생의 마음을 읽을 수 있는 능력을 말합니다. 다섯째, 숙명통은 자신을 포함해 6도 윤회하는 모든 중생의 전생, 금생, 후생의 일을 다 아는 능력을 말합니다. 여섯째, 누진통은 번뇌망상이 완전히 끊어진 자리로 비로소 부처의 경지에 오른 능력을 말합니다."

붓다는 눈을 번쩍 떴다.

"자네도 그걸 믿나?"

"네, 개연성이 있다고 봅니다. 붓다님의 생각도 그렇지 않습니까?"

붓다는 말없이 고개를 끄덕였다. 그리고 나서 말했다.

"마음속에 전망대가 생기는 것은 바로 천안통이 열리는 것을 말하네. 이것은 열반의 전체 면모에서 극히 일부에 지나지 않는 현상이야. 대부분의 도사니, 초능력자니, 명상수련가니 하는 자들은 이것에 안주해 있는 거지. 정작 중요한 해탈의 문으로는 나아가지 못하니 참으로 안타깝네."

내가 말했다.

"제가 유명한 명상 수련 단체에 있을 때의 일입니다. 초등학생들이 눈을 안대로 막고 앞에 놓인 책을 읽는 걸 보았습니다. 이걸 안 믿는 사람도 있지만 실제로 뉴스에도 나왔고, 다각도에서 사실로 입증이 되었습니다. 아직 인간의 잠재력이 완전히 밝혀지지 않았으니 어떤 미지의 능력이 불쑥 솟아날

지 모른다고 봅니다. 간혹 예외적인 사람들이 인간의 잠재력을 일깨워 초능력을 발휘하는 건 아닌지요."

"그래, 그렇게 볼 수 있어. 허나 기이한 현상에 집착해서는 아무 의미가 없다네. 그걸 계기로 세상의 비밀, 자기 존재의 비밀, 중생이 겪는 고통의 비밀을 깨치는 데까지 나아가야지, 안 그래?"

"해탈, 열반 말이지요?"

"그래, 그 과정에서 중생을 끌어안는 마음이 저절로 가슴에 가득 차게 된다네. 나의 경우 중생의 고통에 대한 연민과 생로병사의 비밀에 대한 앎의 추구는 동전의 양면이라 할 수 있네. 중생을 구제하겠다는 의지와 삼라만상의 비밀에 대한 궁구는 본질적으로 같은 것이었지."

한강 위로 유람선이 미끄러지고 있었다. 반짝반짝 햇살이 물 위로 반사되었다.

"전망 좋은 데에 왔으니, 이제 『반야심경』으로 들어가세나. 막힘없이 쏙쏙 전달되지 않을까 싶네."

"시원하게 이해가 됐으면 좋겠습니다."

"카드를 보게나."

나는 카드에 시선을 고정했다. 붓다가 말했다.

"是故(시고) 空中無色(공중무색) 無受想行識(무수상행식) 無眼耳鼻舌身意(무안이비설신의) 無色聲香味觸法(무색성향미촉법) 無眼界(무안계) 乃至(내지) 無意識界(무의식계) 이것은 풀이하면 '그러므로 공 가운데 색이 없고, 수·상·행·식이 없고, 안·이·비·설·신 의가 없으며, 색·성·향·미·촉·법이 없으며, 안계가 없고, 의식계까지 없으며' 이네."

붓다의 말을 들으며 나는 카드의 글귀를 나름 해석해 보려고 애썼다.

是故 空中無色 無受想行識 無眼耳鼻舌身意 無色聲香味觸法 無眼界 乃
시고 공중무색 무수상행식 무안이비설신의 무색성향미촉법 무안계 내
至 無意識界
지 무의식계

그러므로 공 가운데 색이 없고, 수·상·행·식이 없고, 안·이·비·설·
신·의가 없으며, 색·성·향·미·촉·법이 없으며, 안계가 없고, 의식계까
지 없으며

내가 입을 열었다.

"是故(시고)는 '그러므로'라는 뜻입니다. 그 다음 空中無色(공중무색)은
'공 가운데 '무색(無色)'' 이니까 '공 가운데 색이 없다' 이네요. 음, 무슨 말
인지 이해가 됩니다. 공과 색은 서로 상극이니까 당연히 공 가운데 색이 있
을 리 없지요. 공 가운데에는 오로지 공이 있겠죠?"

"그래 잘 보았네. 그 옆의 구절과 함께 보도록 하세. 是故(시고) 空中無色
(공중무색) 無受想行識(무수상행식) 이것을 풀이하면, '그러므로 공 가운데
에 색이 없고, 수·상·행·식이 없고'가 되네. 수·상·행·식은 앞서 설명한
것 잘 기억나지?"

나는 카드의 앞 부분을 보면서 붓다의 말을 떠올렸다.

'수(受)는 감수작용을 말하네. 괴로움, 즐거움 그리고 괴로움도 아니고 즐거움도 아닌 감정을 말하네. 상(想)은 표상 작용으로 대상으로 식별하고 그 대상에 이름을 부여하는 작용이지. 행(行)은 인간의 의지 작용과 함께 기억, 상상, 추리 등의 정신 작용을 포괄하네. 식(識)은 어떤 대상의 상(想)이 생기기 전까지 인식하는 것을 말하네.'

나는 긍정의 표시로 고개를 끄덕여 보였다. 붓다가 말했다.

"한 구절 한 구절을 앞서 내가 말한 것을 상기하면서 잘 음미하게나. 이렇게 반복되는 데는 다 이유가 있는 걸세. 그 의미를 재차 자세히 이해하고 넘어가야 하네."

"네, 알겠습니다."

"다음으로 넘어가세나. 無眼耳鼻舌身意(무안이비설신의) 無色聲香味觸法(무색성향미촉법) 이 두 구절에는 똑같이 앞에 무(無)가 있지. 그러니까 무가 뒤의 말을 서술한다고 보면 돼네. 즉, 眼耳鼻舌身意(안이비설신의)가 없다, 色聲香味觸法(색성향미촉법)이 없다가 되네."

"네, 잘 이해가 됩니다."

"자세히 풀어나가 보도록 하세. 좀 전에 줬던 '12연기(緣起)' 카드를 꺼내 보게나."

나는 손에 쥐어진 카드 가운데서 그것을 찾아 펼쳤다.

붓다가 손으로 짚으며 말했다.

"이 부분을 보게나."

나는 붓다의 검지가 가리키는 곳에 마음을 모았다.

"無眼耳鼻舌身意(무안이비설신의) 無色聲香味觸法(무색성향미촉법)이
여기에 잘 설명이 되어 있네. 眼耳鼻舌身意(안이비설신의)는 5번 육처(六處)
에, 色聲香味觸法(색성향미촉법)은 4번 명색(名色)에 자세히 설명이 되었네.
그러니까 '안이비설신의'는 사람의 다섯 가지 인식 기관, '색성향미촉법'은
다섯 가지 인식 기관의 인식 대상이란 말씀이네."

"네."

"정리하자면 '눈, 귀, 코, 혀, 몸, 마음이 없다'이며, 이것의 대상인 '빛깔,
모양, 소리, 냄새, 맛, 촉감, 마음의 대상이 없다'는 뜻이네. 왜 그럴까? 삼라
만상은 인연에 따라 생기고 인연이 다하면 사라지는 것이라네. 연기법 외에
삼라만상은 공이네. 이 공 속의 다섯 가지 감각기관과 그것에 의해 걸러진

다섯 가지의 대상은 여지없이 공으로 돌려야 하네. 공인 것이지. 공 속에서 무슨 감각기관과 그에 상응하는 감각이 따로 있겠나? 공의 세계에 대한 자세한 부연 설명이라고 볼 수 있네."

"그렇군요."

"예를 들어 보세나. 자네가 꿈속에서 아름다운 여자를 만났다고 하세나. 그 여자의 외모, 목소리, 향기 그리고 혀와 육체는 너무나 생생해서 자네는 진짜 여자를 만난 느낌이 들걸세. 자네의 눈, 귀, 코, 혀, 몸은 꿈속의 여자를 실제로 알고 반응하겠지. 어때, 그런 경험 많지 않나?"

나는 점잖은 표정을 지었다.

"너무나 생생한 꿈이지만 실제 어떤가? 깨고 나면 그게 가짜라는 걸 알게 돼지. 그와 마찬가지라네. 우리가 다섯 가지 인식 기관으로 받아들이는 다섯 가지의 인식은 꿈과 같네. 실체가 없는 거라네. 더 나아가 우리가 실재한다고 알고 있는 다섯 가지 인식 기관조차 실제로 꿈결에 지나지 않아. 어때? 우리가 몸 담고 있는 이 세계가 공이라는 것에 대한 아주 적나라한 설명 아닌가?"

나는 생각했다.

'그렇다면 지금 나, 다섯 가지의 인식 기관으로 이루어진 나도 공이요, 다섯 가지 인식기관으로 받아들이는 다섯 가지의 대상으로 이루어진 이 세상도 공이란 말이지. 모든 게 한바탕의 꿈이란 말이지.'

나는 그런 생각을 처음 해본 것은 아니었다. 대학 시절 서양의 철학을 접하면서도 그런 '무의미의 철학'에 빠진 적이 있었다. 내가 인식 기관으로 받아들이는 모든 것은 영화관의 영상에 지나지 않는다는 것. 이런 나조차 우주라는 영화관 안에서 상영되는 한 편의 영화 영상에 지나지 않는다는 것. 고로 나는 없다, 공이다.

이런 생각 속에서 시를 썼던 게 바로 나이다. 그런 내가 공인 시인 자격증을 따내면서 보란 듯이 '의미의 철학'을 영입했다.

'나는 시인이다. 고로 나는 존재한다. 더 나아가 이 세상과 우주 자연 또한 존재한다.'

이렇게 내가 꾸준히 의미를 추구해 왔지만, 결정적으로 이번 학기를 끝으로 다시 예전처럼 돌아갈 수밖에 없게 되었다. 강단에서 쫓겨나 다시 강단에 설 가망성은 전혀 없었고, 지도 교수와는 원고와 피고에 준하는 관계가 되었다. 그러자 하루아침에 온 세상이 '무의미'로 가득해졌고, 나라는 존재 또한 공해져갔다.

나도 모르게 찔끔찔금 눈물이 나왔다. 제2의 사춘기라도 겪는 것처럼.

"자네 울고 있나?"

나도 모르게 눈꼬리가 젖어들어가고 있었다. 나는 황급하게 상황 설명을 했다.

"눈에 먼지가 들어갔나 봐요. 이제 자리를 옮기시죠. 다음 코스로 안내해 드릴까 하는데."

"그러세."

자리에서 일어나면서 붓다가 말했다.

"마저 이야기해 볼까? 無眼界(무안계) 乃至(내지) 無意識界(무의식계)는 '안계가 없고 의식계까지 없다'는 말이지. 이 말은 안계에서 의식계까지의 여섯 가지 인식 작용이 없다는 말일세. 여섯 가지의 인식 작용은 '안식계, 이식계, 비식계, 설식계, 신식계, 의식계'를 말하네."

"그렇군요."

" 다시 '12연기(緣起)' 카드를 보세나. 좀 전의 4번, 5번 지적한 데 있지? 바로 그 위를 보게나."

나는 카드를 바라보면서 걸었다.

"3번 항목이 바로 지금 말한 여섯 가지 '안식계, 이식계, 비식계, 설식계, 신식계, 의식계'를 말하네."

카드에서 붓다의 말을 확인했다.

3. 식(識) : 인식판단의 의식작용임과 동시에 인식판단의 주체. 감각작용으로서의 안식(眼識), 이식(耳識), 비식(鼻識), 설식(舌識), 신식(身識)의 5식과 의식(意識)을 가리킨다.

4. 명색(名色) : '식'의 대상으로서 인식된 물질(色)과 정신(名)이다. 명색은 6식의 대상으로서의 색(色), 성(聲), 향(香), 미(味), 촉(觸), 법(法)의 6경(六境)이다.

나는 고개를 돌리고 말했다.

"네, 딱 맞아떨어지네요."

붓다가 착실한 학생을 바라보는 듯 흐뭇한 표정을 지었다.

"종합하면 한 항목당 6개 알맹이가 딸렸으까 3×6=18, 모두 18개가 나오

지. 그래서 십팔계라 하지. 결론적으로 이 십팔계가 공이라는 거야. 이해가

되나?"

"네, 너무나 체계적이고 치밀한 공의 논리입니다."

오솔길 옆의 풍력 발전기는 힘차게 돌아가고 있었다.

"이제 마지막으로 번뇌에 관한 이야기를 하세나. 자네가 겪는 번뇌가 육

식(六識)의 제일 마지막 의식(意識)과 관련을 맺고 있네. 바로 의식에서 번뇌

가 생겨난다는 말이지."

그리고 붓다는 친절한 강사처럼 또다른 카드를 건네주었다.

"번뇌에 대해선 이 카드로 대신하게나."

나는 붓다의 성의에 열광하는 제스처를 보여주었다.

"와, 정말 불교는 빈틈이 없네요."

카드의 내용은 이랬다.

6가지 근본번뇌

1. 탐(貪) : 탐냄

2. 진(瞋) : 성냄

3. 치(痴) : 어리석음

4. 만(慢) : 교만심

5. 의(疑) : 의심

6. 악견(惡見) : 잘못된 견해

20가지 수번뇌

1. 분(忿) : 약하게 성냄

2. 한(恨) : 원한

3. 부(覆) : 죄업을 숨김

4. 뇌(惱) : 한탄함

5. 질(嫉) : 질투

6. 간(慳) : 아끼고 베풀지 않음

7. 광(誑) : 속이고 교만함

8. 첨(諂) : 아첨

9. 해(害) : 남에게 손해를 끼침

10. 교(憍) : 교만하여 남을 멸시함

11. 무참(無慙) : 잘못을 저지르고 참회하지 않음

12. 무괴(無愧) : 포악한 일을 하고 반성하지 않음

13. 도거(掉擧) : 마음이 요동함

14. 혼침(昏沈) : 혼미하고 침체함

15. 불신(不信) : 진리를 못 믿음

16. 해태(懈怠) : 게으름

17. 방일(放逸) : 방종하고 방탕함

18. 실념(失念) : 진리를 기억하지 못하고 산란함

19. 산란(散亂) : 정신이 밖으로 내달려 악견(惡見)을
유발함

20. 부정지(不正知) : 대상을 항상 오해하는 어리석음

The Great Day
With
Buddha

Part 6

돌고 돌고 돌고

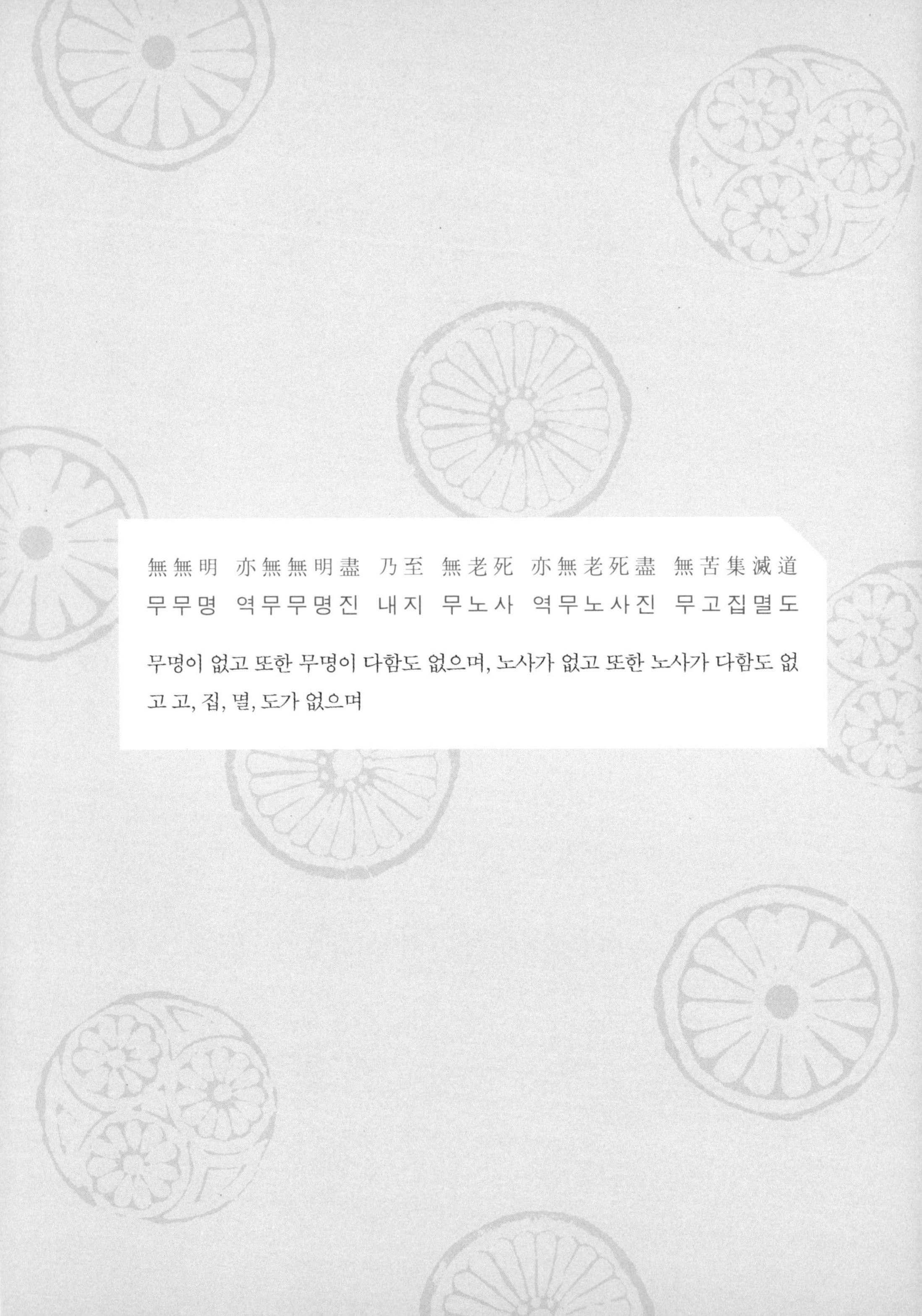

無無明 亦無無明盡 乃至 無老死 亦無老死盡 無苦集滅道
무무명 역무무명진 내지 무노사 역무노사진 무고집멸도

무명이 없고 또한 무명이 다함도 없으며, 노사가 없고 또한 노사가 다함도 없고 고, 집, 멸, 도가 없으며

붓다와 나는 하늘공원 식수대로 나왔다. 그리고 길을 따라 계속 걸어갔다. 양 옆으로는 우거진 나무들이 서 있었다. 이 길을 따라 걸으면 타원형 노선이 나온다. 타원형 노선의 끝에는 하늘공원으로 올라가는 계단이 있다.

이 길의 종점이 바로 원점이 되는 것이다. 그러고 보니, 이 길은 붓다에게 딱 맞는 산책로인 듯 싶었다. 돌고 돌아서 다시 원래의 지점으로 돌아오는 것, 이것이 '윤회(輪回)'를 잘 표현해 주지 않는가? 아니다, 정정하자. 윤회는 붓다와 걸맞지 않으니 방금의 말을 철회하자. 붓다는 윤회의 쇠사슬을 끊었다!

대신 붓다의 품격에 맞는 것이 떠올랐다. 원점을 출발해 돌고 돌아 다시

원점이자 종점으로 도착하는 것은 '공사상'과 통한다. 또 '색즉시공 공즉시색'과 절묘하게 맞아떨어진다. 원점은 공이다. 여기에서 색이 시작되어 돌고 돌아간다. 색의 끊임없는 연장인 듯하지만 종국에는 다시 종점이자 원점의 공으로 돌아온다는 것, 이거야말로 '색즉시공 공즉시색'이 아닌가? 어디까지나 비유다.

붓다와 나는 진한 산림의 내음을 맡으며 걸었다. 길은 아스팔트이지만 오히려 더 편안하고 걸음을 경쾌하게 만들었다. 저절로 두 팔이 씩씩하게 올려지려고 했다.

나는 천천히 산책을 하다가 이 길에 들어서면 두 팔을 신나게 휘두르며 걷곤 했다. '파워워킹'이었다. '파워워킹'은 여성 전유물이다보니 사람의 시선을 피해서 했다. 짧은 시간에 운동 효과를 최대한 보고자 하는 바람이었다.

나는 천천히 두 팔을 들어올려 기지개를 켜고 나서 좌우로 돌렸다. 자동적으로 파워 운동을 하려는 두 팔의 에너지를 분산시키기 위해서였다.

내가 '파워워킹'을 특별히 채택한 이유가 있다. 얼마전부터 오십견이 왔기 때문이다.

붓다가 말을 꺼냈다.

"숲길이나 다름없군."

"네, 여기서부터 숲길입니다. 어떠세요? 제가 붓다님을 잘 모셨지요?"

"그래, 자네 덕에 좋은 곳을 산책하게 됐네."

휘파람 소리를 내는 새 울음이 들려왔다. 시내에서는 들을 수 없는 새 소리였다. 한참 걸어가니 꿩의 울음소리도 들려왔다.

"건강을 위해 규칙적으로 걷는 건 좋은 일이야."

"전 직장에 얽매이지 않다보니 그나마 산책을 자주 할 수 있는 셈입니다. 일주일에 한두 번은 이곳에 오니까요."

"요즘 직장인들은 바빠서 걸을 시간도 없지?"

"네, 현대 문명이 낳은 현상입니다. 문명 발전에 우리 인간의 건강과 수명은 희생양이 되는 것 아닌지 모르겠어요."

"그렇게 볼 수도 있겠군. 내가 살던 시대만 해도 몸을 움직일 수 있는 기회가 자주 있었지. 건강한 심신에서 진정한 수행이 이루어지는 거라네."

산책로에서 등산복과 운동복을 입은 사람들이 서너 명 보였다.

"자네, 대학 강사로는 벌이가 안될텐데 그럼 무엇으로 벌이를 해왔나? 따로 직장이 있는 건 아니면서."

잠시 생각하고 나서 입을 열었다.

"아까 스타벅스에서 말씀드린 듯한데요."

"그런가?"

"왜, 자서전 있잖습니까? 사장님 자서전을 집필해 드리는 일을 따로 합니다."

"아, 그랬었군. 그게 수입이 돼나 보네?"

"안 하는 것보단 낫지요. 그걸로 대학원 학비와 생활비를 충당했으니까요.”

“자네 명색이 시인이라면서 자서전을 쓴다? 이건 좀 별로라는 생각이 들지 않았나?”

붓다의 말에 귀가 쫑긋했다.

“처음 이 일을 했을 때는 그랬어요. 이건 아니다, 내가 할 게 못 된다, 그랬어요. 하지만 대책이 없으니 할 수밖에요.”

나는 본의 아니게 변명조로 자서전 대필을 시작하게 된 이유를 들려주었다.

정말 그랬다, 시인인 내가 자서전 작가의 길로 들어선 것은 그 외에 어떤 대책도 없었기 때문이다. 난 박사 과정을 등록하면서 학비 전액을 융자 받았다. 어느새 융자금은 이천만 원이 넘어갔다. 융자금도 융자금이지만 당장 월세며 식비, 책값 등이 만만치 않았다.

이때 인터넷으로 작가가 돈을 벌 수 있는 일을 알아보다가 자서전 대필을 조우하게 됐다. 한 달 전에는 ‘야설 작가’란 구인 광고를 보고 기획사와 접촉한 적이 있었다. 하지만 야설을 쓰기에는 내 글 실력이 부족했다.

나는 하루빨리 이번 달의 생활비가 필요했다. 그렇게 해서 작가 구인 광고를 낸 기획사를 찾아갔다. 거기서 구청장 자서전 대필을 주선해 주었다.

“삼백만 원 드릴게요.”

당장 한푼이 아쉬울 때였다. 3개월치 생활비 벌이가 될 성 싶었다.

“인터뷰는 하실 필요 없어요. 인터뷰 자료는 이미 녹취해 놨거든요. 이 녹

음테이프와 여기 일기, 그리고 출력물을 참고해서 쓰시면 됩니다."

탁자 앞에 녹음기와 수십 권의 일기장, A4용지 더미가 있었다.

"네, 감사합니다. 잘 써드리겠습니다."

젊은 여사장이 말했다.

"이번에 수십 명이 지원했더라구요. 그런데 아무래도 시 쓰시는 작가님이 문장력이 좋을 것 같아서 기회를 드리니 잘 부탁드립니다."

몇 개월 뒤, 여러 차례의 수정과 보완 끝에 원고를 완성해 기획사에 보냈다. 곧 내 손에는 계약금 백만원을 제한 나머지 돈이 들어왔다.

이렇게 자서전 대필 세계에 첫발을 내딛게 되었다. 나는 천여 매의 원고를 써서 삼백만 원을 받았지만 실제로 기획사에선 최소 칠팔백에서 천만 원을 의뢰인에게서 받는다는 걸 알게 되었다. 내가 받은 금액을 제한 것은 기획사 몫이었다.

이런 수익 분배 구조를, 단 한 번의 자서전 대필로 알아차린 나. 재빨리 상황에 대처했다. 통장에 잔액이 거의 없던 나는 과감하게 백여 만 원을 대출하여 사이트를 만들었다. 이름 하여 자서전 대필 사이트 '베스트셀러공작소'. 시작은 호기심으로 쥐꼬리 만한 벌이라도 해 볼 요량이었다.

인터넷 상에는 이미 십여 군데의 기획사 사이트가 자리잡고 있었다. 대놓고 '자서전 대필'이라고 공개한 곳도 있었고, 출판사나 출판 관련 기획사로 차려진 곳도 있었다. 나는 과감했다.

'대필' 대신 글을 써 주는 것, 이것은 엘리트 작가에게 '세속불가침'의 영

역이나 마찬가지였다. '대필'을 함으로써 '엘리트 작가'는 앞의 '엘리트' 자를 떼버리게 된다. 시정잡배 글쟁이가 된다는 말이다. '엘리트 작가'들과 '대필 작가'는 하늘과 땅 차이다. 난 그 차이를 재빠르게 파고들었다. 먹고 살아야겠단 일념으로. 목구멍이 포도청이라는 생각으로.

3개월간 어떤 곳에서도 의뢰가 들어오지 않았다. 싼 맛에 만들어 놓은 대필 사이트가 이목을 끌지 못했던 것인지. 그러다 4개월 째에 접어들자 서너 군데에서 연락이 왔다. 그 가운데 가장 마지막으로 연락이 온 분과 '대필' 계약을 맺을 수 있었다.

벤처 기업가였다. 그 분의 실명을 공개하는 것은 이 바닥의 도리를 어기는 일이다. 나는 그 분의 요구에 충실했고, 그 결과 칠백만 원의 수입을 거둘 수 있었다. 이를 발판으로 뜨문뜨문 전화 연락이 왔다.

"우리 회사 회장님 자서전 집필을 하려고 하는데요."

"우리 출판사에서 모 정치인 자서전 출간을 준비 중인데요, 작가님이 필요해서요."

"우리 회사 홍보용 책자가 필요합니다."

각계에서 전화가 왔고, 나는 5분 대기조처럼 즉각 반응했다. 저녁에 보자면 저녁에 보고, 몇 시간 뒤에 홍대에서 보자면 또 그러겠노라 했고, 점심 때 강남 H호텔에서 보자면 또 그렇게 했다.

그렇게 차츰차츰 카드 빚과 작별을 고하게 됐고, 이천만 원 넘는 융자금을 갚아가기 시작했다.

그러던 어느 날이다. 자서전 대필을 해오면서 이 점은 참 좋다고 하는 게 하나 있었는데 그건 바로 다양한 분야의 다양한 연령층의 사람들을 만나서, 생생하게 삶의 이야기를 전해 들을 수 있다는 거였다. 그 가운데에서도 참으로 특이하고 전국적인 인물을 만나게 되었다.

내가 만난 그 분은 근현대사의 산 증인이요, 살아있는 전설이자 미국 CIA에서 주목관리되고 있던 인물이었다. 그를 만난 곳은 강남 모 오피스텔의 사무실이었다. 깍두기 머리를 한 건장한 사내들 십 여명이 사무실에 있었다. 다들 눈빛이 예사롭지 않았다. 그 가운데 날렵하게 생긴 한 사내가 나를 회장실로 안내했다.

안으로 들어갔더니, 거구의 사내가 자리하고 있었다. 그가 손을 내밀었는데 손바닥이 솥뚜껑 같았다. 나는 기가 팍 눌렸다.

"익히 잘 들었었습니다, 홍 작가님. 문장이 좋으시다면서요?"

그 앞에는 내 이력서가 놓여 있었다. 나는 분위기상 말을 아끼는 전략을 취했다.

"……"

그러면서 그는 자신의 간증록을 써달라는 제안을 했다. 나는 전혀 이의를 달지 않았다. 자서전 작가, 이것 저것 가린다면 안될 일이었다.

나는 나의 과거사 일부를 과장해서 들려주었다.

"기독교 간증록이라고 하셨습니까? 참 잘됐습니다. 저도 교회를 오래 다녔습니다. 지금 Y교회를 다니고 있습니다."

고등학교 때 3년, 대학 오기 전에 친구들 얼굴 보러 건성으로 다녔던 교회. 박사 과정 때 세 들어 사는 집주인 아주머니가 교회 와서 좋은 사람을 만나 노총각 신세 좀 면하라는 재촉에 대여섯 번 들른 교회. 이것이 전부였건만 상당히 신앙심이 깊은 것처럼 위장한 것이다.

"잘됐네요, 잘 부탁드립니다."

그렇게 해서 나는 기억이 가물가물한 찬송가까지 뒤적이는 등 각고의 노력을 쏟았다.

그 분은 우리나라 주먹계의 산 계보였으며, 의리를 목숨보다 중요하게 여긴 신사였다. 그가 간증록을 쓰게 된 건 교도소에서 기독교에 귀의했기 때문이었다. 파란만장한 삶 속에서 죽음의 고비를 수십차례 넘긴 그가 기독교에 정착하게 된 것이다.

처음엔 긴가민가 했으나 그 분은 정말 기독교 신자가 되면서 많은 동생들을 교인으로 만들었다. 나는 그 분의 간증록과의 인연으로 계속 만남을 갖게 되었다. 그리고 그 분의 전 생애를 담아 『나의 야망, 나의 투혼』이라는 책을 마지막으로 써드렸다.

이 분과의 교류가 이어지면서 나는 해마다 정기적인 수입이 생겼다. 그 분은 나에게 물질적으로 많은 도움을 주었다. 뿐만 아니라, 그 분은 실로 친척 할아버지처럼 나에게 관심을 가져 주었다. 그 분의 지인이 이사장으로 있는 모 대학에 교수자리를 알아봐주겠다고 할 정도였다. 어떤 날은 당신이 드시던 비타민 알약을 내게 주면서 먹으라고 한 적도 있다.

이런 분이 얼마 전에 돌아가신 것이다. 고로 나는 전에 없이 빈궁해졌다. 무엇보다 나이 칠순에 정정하던 분이 갑자기 돌아가시니 마음이 아팠다. 진심으로 그 분의 영면이 슬펐다.

"잘 들었네, 재밌군."

"저처럼 책상 받이가 그런 분을 만나긴 쉽지 않습니다. 그 분을 만나니까 한국의 근현대사가 생생하게 와닿았어요."

"듣고보니, 좋은 체험이라고 볼 수도 있겠는 걸."

"그렇지요."

"자서전 대필 작가도 그런 점에서는 좋군."

붓다의 입에서 '자서전'에 '대필'이라는 말이 나오자 뜨끔해졌다. 아직도 나는 대한민국의 시인으로서의 자의식이 충만한 상태였다. 그래서 누가 내게 '자서전'과 '대필' 이 두 단어를 들이대면서 그래도 당신이 진정한 작가냐고 공박할 경우를 대비해 준비한 말도 있다.

"세계적인 작품 『뿌리』를 쓴 작가 알렉스 헤일리도 사실 『말콤 X의 자서전』을 대필했지요. 미국에선 자서전 작가가 전문적으로 활동하고 있다고 들었습니다. 우리나라도 양지에서 대접받을 때가 오지 않겠습니까?"

붓다와 나는 숲 속의 싱그러운 향내음을 맡으며 걸어갔다.

"자네 이야기를 들으니 내 진심을 말하고 싶네. 자네가 지금 먹고 살기 위해 자서전을 쓴다고 했는데, 어쩌면 그런 자서전이 불후의 명작이 될수도 있는 걸세. 오히려 시는 고귀한 것, 자서전 대필은 하찮은 것이란 생각이 잘못이야. 시인은 이런 글을 써야 돼, 이런 형식에 사로잡히는 게 편견이라고 보네. 자네가 어떤 종류의 글을 쓰든 자네의 이름을 걸고 최고의 실력을 발휘하는 게 중요한 걸세. 내가 수행을 하던 시대에도 편견이 지배하고 있었네. 내가 그 편견에 무릎을 꿇었다면 지금의 나는 없었을 거라네."

싯다르타는 다섯 수행자와 함께 라자그리하를 떠났다. 그 후 싯다르타와 다섯 수행자는 나이란자나 강이 굽이쳐 흐르는 가야산에 머물렀다.

싯다르타는 산꼭대기의 한 나무 아래 풀을 깔고 앉아 생각했다.

'세간에 승려나 브라만들이 수행을 한다고 하지만 몸과 마음이 방일해 욕망을 다스리지 못하면 헛수고를 하는 거나 다름없다. 수행자는 자신의 몸을 다스려 욕망을 능히 물리쳐야 한다. 나는 부지런히 고행하여 철저히 욕망을 끊으리라. 그렇게 하여 나는 물론 남에게도 이익이 되는 깨달음을 얻으리라.'

이윽고 싯다르타는 가야산을 나왔다. 싯다르타는 우루벨라 못 옆에 이르러 나이란자나 강가에 닿았다.

'기꺼이 고행하여 깨달음을 얻으리라.'

그로부터 싯다르타의 본격적인 고행이 시작되었다. 그는 풀이나 묘지에 버려진 천과 걸레로 아무렇게나 옷을 해 입었다. 또한 그는 무더위 속에서도 시원함을 찾지 않고 맹추위 속에서도 따뜻함을 구하지 않았다. 그는 비가 와도 피하지 않고 제 자리에서 꼼짝도 하지 않았다. 모기가 피를 빨아먹어도 그냥 내버려두었다.

한번은 싯다르타가 시체와 인골이 널린 묘지에 야숙할 때다. 목동이 싯다르타를 보고 장난질을 쳤다.

"웬 거지가 앉아 있네."

그리고 나서 침을 뱉고 진흙을 던지고 나뭇가지로 쑤셨다. 그래도 싯다르타는 꿈쩍하지 않았다. 싯다르타는 목동에게 조금도 화내지 않았다.

싯다르타는 굳게 입을 다문 채 혀를 입천장에 대고 눈을 감아 고통을 이겨냈다. 그러자 겨드랑이에서 땀이 흘러내렸다. 그리고 들숨과 날숨을 조절했다. 그리고 나서 숨을 멈추자 귓구멍에서 소리가 나면서 예리한 송곳으로 찌르는 듯한 고통이 느껴졌다. 더욱 숨을 참자, 날카로운 도끼가 정수리를 내려치는 듯했다. 시간이 더 흐르자, 자신의 몸을 바람이 거세게 몰아쳐 할퀴는 것 같았다.

싯다르타는 식사량도 줄여갔다. 하루에 과일 한 조각과 대추, 팥, 콩, 쌀, 보리 한 알씩만 먹었다. 그리고 이틀에 한번 식사를 하다가, 사흘, 이레에 한번만 식사를 했다. 마침내 보름에 한번만 식사를 했다.

싯다르타의 몸은 삭정이처럼 말라갔다. 피부는 오이가 말라비틀어진 것 같았고, 갈비뼈는 부서진 헌 집의 서까래 같았다. 앙상한 척추는 대나무 마디같았다. 뱃가죽은 등가죽에 달라붙었고, 몸의 털은 부스스 먼지처럼 떨어졌다. 얼굴은 해골처럼 변했고 눈은 움푹 패였다. 하지만 오로지 눈빛만은 우물 속의 별처럼 형형했다.

지나가는 사람들이 그의 모습을 보고 말했다.

"싯다르타가 죽었어요."

"아니에요, 아직 죽진 않았어요. 하지만 일주일도 못 넘겨서 죽을 것입니다."

하지만 싯다르타의 고행은 계속해서 이어졌다. 그때 마왕 파피야스가 싯다르타에게 다가와 유혹했다.

"이제 당신의 몸은 돌이킬 수 없을 정도로 쇠진하고 말았소. 당신은 얼마 살지 못하고 죽을 것이오. 이제라도 늦지 않았으니 브라만으로 돌아가 불을 섬기고 제사를 올리시오. 그러면 목숨은 부지할 수 있소. 지금 이 상태로는 결코 깨달음을 얻을 수 없을 것이오."

그 말을 듣고 싯다르타가 말했다.

"탐욕과 어둠의 아들 파피야스야, 들어라. 그대는 나를 방해해 나의 뜻을 이루지 못하게 하려고 하지만 결코 그렇게 되지 못하리라. 나는 이미 삶과 죽음을 하나로 보고 죽음의 두려움을 떨쳐버린 지 오래다. 내 비록 죽어 사라져도 나의 뜻은 결코 사라지지 않으리라. 나는 신명을 다 바쳐 반드시 중생을 구제하는 깨달음을 이루고 말 것이다.

나는 그대의 유혹을 기필코 부술 것이다. 너의 첫 번째 유혹은 탐욕이고, 두 번째는 원망이고, 세 번째는 굶주림과 추위와 더위다. 네 번째는 애착이고, 다섯 번째는 나태와 수면이고, 여섯 번째는 공포와 두려움이다. 일곱 번

째는 의심이고, 여덟 번째는 분노이고, 아홉 번째는 시기와 질투, 열 번째는
어리석고 무지함이다. 열한 번째는 교만과 허영이고 열두 번째는 비난과 질
시이다. 내 그 모든 마왕의 유혹을 쳐부수고 말리라.”

싯다르타의 고행은 6년 동안 지속되었다. 어느 날 싯다르타는 좌정한 채
로 생각했다.

'그동안 나는 극진하게 고행을 해왔다. 하지만 아직도 진정한 깨달음을
얻지 못했다. 수많은 승려와 브라만들이 고행을 통해 법을 구하지만 오히려
몸과 영혼만 피폐해질 뿐이다. 고행은 아무런 이득이 없다. 내 이제 다른 법
을 찾아서 생로병사의 고통을 끊으리라.'

또 이런 생각을 했다.

'출가 수행자들이 피해야 할 것은 욕망과 쾌락만이 아니다. 이것 못지 않
게 철저히 경계해야 할 것이 바로 고행이다. 고행은 오로지 몸을 혹사시키는
것에만 열중하게 한다. 이렇게 해서는 진정한 깨달음을 구할 수 없다. 육체
의 쾌락에 탐닉하는 것과 육체에 고통을 주는 고행, 이 두 가지는 모두 피해
야 한다. 이제 나는 이 두 가지를 버리고 중도의 길을 찾아 나서리라. 이 중도
가 세상을 바로 보는 지혜의 눈을 가져다 주리라. 또한 중생을 구제하는 열
반을 이루게 하리라.'

그리고 싯다르타는 지난 날 자신의 수행을 회상했다.

'지난 날 왕궁에서 나왔을 때 들판에서 농부가 힘들게 밭가는 것을 본 적
이 있지. 그때 나는 한 나무의 시원한 그늘 아래에 앉아 중생을 구제하고자

하는 마음을 일으켰다. 어떤 격식에 얽매이지 않은 채로 자연스럽게 속에서 차오르던 중생에 대한 연민. 이제 나는 다시 그때로 돌아가리라. 이 길이 진정한 보리의 길이자. 해탈의 길이다.'

그리고 나서 싯다르타는 강에 내려가 목욕을 했다. 그리고 마을에 내려가서 우유죽을 얻어 먹었다. 기운을 차린 싯다르타는 보리수에 이르렀다.

'과거의 부처님들은 어디에서 해탈에 이르셨을까?'

싯다르타는 풀로 자리를 만든 후 나무를 등에 지고 얼굴을 동쪽으로 향해 앉았다. 그리고 수천 개의 벼락이 떨어지더라도 꿈적하지 않겠다고 다짐했다.

'이제 나는 이곳에서 결코 가부좌를 풀지 않으리라. 피와 살이 마르고 뼈마디가 부서져도 기필코 해탈에 이르리라.'

그 모습을 본 싯다르타를 따르던 다섯 수행자가 말했다.

"아니, 저게 뭔가? 해탈을 이루고자 했으면 진작에 이루어야 하지 않나? 그렇게 극심한 고행을 해도 해탈을 이루지 못했거늘 깨끗하게 목욕하고 우유죽까지 먹고서 해탈을 하겠다는 게 말이 되나? 이젠 저이도 틀렸어. 우리 다른 스승을 찾아 떠나세나."

다섯 수행자는 다시 고행하는 수행자를 찾아 떠났다.

붓다의 말을 듣고 나는 입을 열었다.

"고행이 편견이란 말씀이시죠?"

붓다는 고개를 끄덕였다.

"득도라는 목적이 고행이라는 수단에 잡아먹힌 게 그 시대 수행자들의 모습이었지. 고행은 수행의 한 방편이었건만 다들 그것에 죽기살기로 매달린 거야. 이게 바로 수행에 대한 편견이었지."

나는 생각에 빠졌다.

'정리를 해보자. '나는 시인이니까 시만 써야 돼, 혹은 고상한 문학 작품만 써야 돼' 하는 게 편견이란 말이지. 자서전 대필이라도 최고의 실력을 발휘하면 그 나름의 의미가 있단 말이구나. 그래, 나도 언젠가는 한국의 『말콤 X의 자서전』을 쓸 날이 오겠지.'

붓다가 내 얼굴을 한번 보고 나서 말했다.

"나는 깨달음을 최고의 목적으로 두었지. 자네 또한 최고의 문학작품에 두게나. 자네가 쓴 자서전 가운데에서도 훌륭한 문학작품이 나오리라 믿네."

나는 기분이 좋아져서 말했다.

"붓다님, 제가 미처 생각 못했던 걸 말씀해 주셔서 감사합니다."

어느새 산책로는 끝나가고 있었다. 오른편으로 한강이 시원하게 보였다. 반대편으로 걷는 행인들이 우리를 스쳐 지나갔다. 완전 무장한 자전거 부대가 쏜살 같이 옆을 스쳐 지났다.

붓다가 그 자전거 부대로 시선을 잠시 주다가 다시 제자리로 돌렸다. 붓다가 생각난 듯이 입을 열었다.

"가만, 이럴 때가 아니지. 『반야심경』으로 돌아가세나."

나는 반사적으로 손에 쥔 카드에 시선을 고정했다.

"이번은 無無明(무무명) 亦無無明盡(역무무명진) 乃至(내지) 無老死(무노사) 亦無老死盡(역무노사진) 無苦集滅道(무고집멸도)일세. 이 뜻은 '무명이 없고 또한 무명이 다함도 없으며, 노사가 없고 또한 노사가 다함도 없고 고, 집, 멸, 도가 없으며'일세. 하나하나 살펴 보기로 하세."

눈을 카드에 고정시켰다.

無無明　亦無無明盡　乃至　無老死　亦無老死盡　無苦集滅道
무무명　역무무명진　내지　무노사　역무노사진　무고집멸도

무명이 없고 또한 무명이 다함도 없으며, 노사가 없고 또한 노사가 다함도 없으며, 고, 집, 멸, 도가 없으며

이번 구절은 비교적으로 쉬워 보였다. '무명(無明)'은 앞에서 배웠고, 전체 구절이 무(無)로 요약되는 듯했다.

'그러니까 보자, 무명(無明)도 무고, 또한 무명진(無明盡)도 무고, 또한 노사(老死)가 무고, 또한 노사진(老死盡)이 무고 고집멸도(苦集滅道)가 무라는 말이구나. 그런데 마지막 고집멸도(苦集滅道)의 뜻은 뭘까?'

붓다가 말했다.

"이번은 쉽지 않나? 일단 앞은 넘어가고 맨 마지막으로 가세나. 거기 고

집멸도(苦集滅道)를 보게. 이게 여기에서 키포인트야. 고집멸도(苦集滅道)는 사성제인 고성제, 집성제, 멸성제, 도성제를 말하는 걸세. 자네, 사성제에 대해 알고 있나?”

“사성제에 대해서는 많이 들어 봤습니다. 현실의 괴로움을 소멸시키는 법 아닌가요?”

붓다가 미소를 지었다.

“그래, 잘 기억하고 있었구먼. 사성제는 내가 깨닫고 난 후 얻은 지혜네. 사성제는 괴로움과 괴로움을 소멸시키는 성스러운 진리지. 먼저 고성제를 보세나. 고(苦)는 말 그대로 고통이야. 현실의 생로병사에서 오는 피할 수 없는 고통을 말하네. 고성제는 생로병사의 고통에 대한 진리네. 다음 집(集)은 현실에서 오는 괴로움의 원인에 대한 진리네. 여기서 앞서 우리가 살펴 봤던 12연기를 생각해 보게나. 현실의 괴로움의 원인은 바로 12연기가 잘 설명해 주고 있네.”

나는 손에 쥐고 있던 카드 중에서 12연기가 적힌 카드를 맨 앞에 놓았다.

12연기(緣起)

1. 무명(無明) : 연기의 진리를 알지 못한 근원적인 무지.

2. 행(行) : 행위의 집적이다. 사고행위, 언어행위, 신체적 행위 등의 모든 행위.

3. 식(識) : 인식판단의 의식작용임과 동시에 인식판단의 주체. 감각작용으로

서의 안식(眼識), 이식(耳識), 비식(鼻識), 설식(舌識), 신식(身識)의 5식과 의식(意識)을 가리킨다.

4. 명색(名色) : ‘식’의 대상으로서 인식된 물질(色)과 정신(名)이다. 명색은 6식의 대상으로서의 색(色), 성(聲), 향(香), 미(味), 촉(觸), 법(法)의 6경(六境)이다.

5. 육처(六處) : 6경을 인식판단하기 위한 능력이 있는 기관이 ‘육처’이다. 이것은 안근(시각기관 또는 그 능력), 이근(청각기관), 비근(후각기관), 설근(미각기관), 신근(촉각기관), 의근(사유 기관)을 말한다.

6. 촉(觸) : 근, 경, 식의 셋이 접촉하는 것이다. 즉 3자의 화합이 ‘촉’이다.

7. 수(受) : 근, 경, 식의 3자가 화합하여 생긴 고락(苦樂) 등의 감수작용(感受作用)이다. ‘수’에는 고수(苦受), 낙수(樂受), 불고불락수의 3수가 있다. 이것을 다시 육체적, 정신적인 두 방면으로 나누어 우(憂), 희(喜), 고(苦), 락(樂), 사(捨)의 5수로 나누기도 한다.

8. 애(愛) : 갈애(渴愛), 즉 맹목적인 사랑을 말한다.

9. 취(取) : 취착(取着)의 뜻이다. 즉 싫어하는 것을 버리고, 좋아하는 것을 취하는 취사선택의 행동이다.

10. 유(有) : 취착적 행위가 계속되고 선악업이 축적되어 잠재력으로 자리잡은 것을 말한다.

11. 생(生) : 내세의 생이라 할 수도 있으며, 혹은 시시각각으로 변화하여 새롭게 나타나는 모습.

"맨 마지막부터 보게나. 노사(老死)의 고통. 이것은 생(生)에 의해 생기고, 생(生)은 유(有)에 의해 생겨나는 것일세. 유(有)는 싫어하고 좋아하는 취사선택 행동인 취(取)에 의해 생겨나고, 이것은 다시 애(愛)에 의해 생겨나네. 이런 식으로 죽 올라가다보면, 결국 무명(無明) 즉, 연기의 진리를 모르는 근원적인 무지가 고통의 근본적인 원인임을 알 수 있지. 이렇게 고통의 원인이 12연기를 통해 상세히 설명된 진리가 바로 집성제일세."

나는 붓다의 설명을 귀담아 들으면서 카드에 눈을 고정시켰다.

"어때? 쏙쏙 이해되지 않나?"

"네, 붓다님. 아주 질서정연하게 이해가 됩니다."

붓다가 침을 삼키고 나서 말했다.

"다음 멸성제는 이러한 괴로움의 소멸에 대한 진리일세. 괴로움을 멸하기 위해서는 어떻게 해야 할까? 실천적인 방안이 필요하겠지? 그게 바로 열반이자, 해탈이네. 나는 이를 통해 인생의 모든 고통을 멸할 수 있었지."

"그러셨군요. 그렇다면 붓다님이 열반이자 해탈에 이를 수 있는 특별한 비결이라도 있으십니까? 혹시 아무에게나 안 가르쳐 주시는 건가요?"

"걱정 놓게나. 나는 그걸 진작에 다 밝혀 놓았어. 그게 바로 사성제의 마지막인 도성제이네. 도성제는 괴로움을 멸하여 열반에 이르는 길에 대한 진리일세. 한마디로 열반에 이르는 길이라고 생각해도 무방하네. 이것은 아까

애기한 것처럼 지나친 고행과 욕망의 쾌락 양 극단을 넘어선 중도(中道)의 길이네. 기억나지?"

"네, 잘 기억하고 있습니다. 그러니까 도성제는 열반에 이르는 길인데 이 것은 곧 중도(中道)란 말씀이시지요? 전 고통스러운 걸 싫어하는데 고행을 안 해도 된다니 다행입니다. 하하."

"어떤 면에서는 그렇게 볼 수 있겠지. 그렇다고 수행이 쉽다고 얕잡아보면 안되네. 이제 보세나. 나는 도성제의 길을 팔정도로 자세히 설명해 놓았어. 팔정도(八正道) 잘 알지?"

"네, 팔정도는 많이 들어 봤습니다. 자세한 건 기억이 가물가물합니다."

"좋아, 카드 줄테니 잘 살펴 보게나."

붓다는 남방 주머니에서 카드를 꺼내 내게 주었다. 내 시선은 카드에 고정되었다.

팔정도(八正道)

1. 정견(正見) : 바른 견해

2. 정사(正思) : 바른 생각

3. 정어(正語) : 바른 말

4. 정업(正業) : 바른 행동

5. 정명(正命) : 바른 생활

6. 정근(正勤) : 바른 노력

7. 정념(正念) : 바른 관찰

8. 정정(正定) : 바른 선정(禪定)

"어때, 자네도 열반에 한번 도전해 볼 생각이 드나?"

"저는 그냥 평범하게 사는 게 좋습니다. 다만 시를 쓰는 시인이다보니, 틈틈이 명상하는 것으로 만족하렵니다."

"언젠가, 자네도 팔정도가 와락 품에 안기는 날이 있을 걸세. 자, 이제 정리하세나. 無無明(무무명) 亦無無明盡(역무무명진) 乃至(내지) 無老死(무노사) 亦無老死盡(역무노사진) 無苦集滅道(무고집멸도)의 뜻은 '무명이 없고 또한 무명이 다함도 없으며, 노사가 없고 또한 노사가 다함도 없고, 고·집·멸·도가 없으며'이지. 여기서 주목할 것은 무명도 없고, 노사도 없고, 궁극적으로 사성제인 고·집·멸·도 또한 없다는 걸세. 본래 나라는 실체가 없으며, 이 세상의 물거품이나 꿈결에 지나지 않는데 어찌 무명이니, 늙음과 죽음 그리고 사성제가 따로 존재할 수 있겠나?"

나는 붓다의 말을 듣고 생각했다.

'결국엔 다시 공으로 돌아가는구나!'

우리 둘은 '노을 공원' 출입문을 빠져 나와 걸었다. 이 길로 500m 정도 걸어가면 '하늘공원' 계단이 나왔다. 이제 '하늘공원'에서 '노을 공원'으로 이어진 원을 거의 다 돈 셈이다.

자갈길이 이어졌다. 왼편에는 산이, 오른편에는 늘씬한 수목이 빽빽이 자리를 지키고 있었다. 지난 달에도 난 이곳을 배낭을 매고 걸었다. 나는 이곳에서 눈을 만났다. 정말 눈이다, 봄날의 눈. 허공에는 온통 하얀 홀씨들이 어지러웠다. 눈이 흩날리듯 홀씨들이 허공을 부유하고 있었다. 난생 처음 겪는 일이었다.

혼자 길을 걸어가는 고독한 산책자를 반겨 주던 봄날의 눈, 홀씨. 홀씨들이 짝짓기 축제를 벌였던 것이다.

The Great Day
With
Buddha

Part 7

당신이 괴로운 이유

無智亦無得 以無所得故 菩提薩陀 依般若波羅蜜多故 心無罣碍 無罣碍
무지역무득 이무소득고 보리살타 의반야바라밀다고 심무가애 무가애
故 無有空怖 遠離顚倒夢想 究竟涅槃
고 무유공포 원리전도몽상 구경열반

지혜가 없고 얻음이 없으니 얻을 바가 없으므로 보리살타가 반야바라밀다에
의지한 고로 마음에 걸림이 없고
걸림이 없는 까닭에 두려움이 없어 뒤바뀐 생각 멀리 떠나 마침내 열반을 이
루며

붓다와 나는 '하늘 공원' 입구에서 걸어 나와 벤치가 있는 곳으로 향했다. 매점 앞에 이르자 탁 트인 광장이 보였다. 이 광장 바닥에는 천상열차분야지도(天象列次分野之圖)가 그려져 있었다.

그 위를 밟고 지나갔다. 우주를 밟고 지나가는 듯한 느낌이 들었다. 작년 가을이던가? 이 천상열차분야지도 위에서 공연이 열렸었다. 한 자리에 계속 앉아 공연을 보진 못했다. 지나가면서 언뜻 보기에 '바리공주[5]' 공연을 하는 듯했다.

---

5) 지노귀새남에서, 무당이 색동옷을 입고 모시는 젊은 여신 늑바리데기.

생명수를 찾아 시공을 초월해 여행을 떠난 바리공주. 바리공주는 천상열차분야지도를 능히 밟을 만했다.

붓다가 이채롭다는 듯이 서성였다.

"오호, 이거 내 마음의 한 모퉁이 아닌가?"

"네? 이건 별과 은하수를 그린 것입니다."

"사람의 실체도 없고, 이 세상의 실체도 없거늘 이 별과 은하수는 존재하겠는가?"

"……"

"이것들은 꿈결이지. 잠깐의 표정일 뿐이야. 본래 시간과 공간은 존재하지 않는 것이니까."

"그렇군요."

"그런데 왜 좀 전에는 붓다님의 마음의 한 모퉁이라 하셨습니까?"

"실제로 존재하지 않는다는 점에서지. 잠깐의 몽상일 뿐이라는 말이야. 이 우주 전체가 그렇지."

붓다와 나는 광장을 앞에 두고 벤치에 앉았다. 그러자 '바리공주' 공연이 펼쳐지는 듯했다. 환영이었다. 사실, 바리공주는 나의 분신이나 마찬가지다. 나는 지금 인생의 절대절명의 위기를 겪고 있다. 이 위기를 극복할 수 있는 '생명수'를 찾아 어디든 떠나야 한다.

'그러고 보니, 좀 전의 붓다 이야기도 '생명수' 찾기 과정이 아닐까? 극단적인 고행을 버리고 새로운 수행 방법으로 '깨달음'을 구하는 과정은 바리공주의 생명수 찾기와 닮아 보였다. 붓다는 중생 구제를 위해, 바리공주는 부모님의 생명을 위해. 나는? 나만을 위해…….

"붓다님, 좀 전에 고행을 중지하시고, 보리수 아래에서 머무셨다고 하셨잖아요. 그 보리수 아래서 붓다님이 해탈했다는 이야기는 초등학생도 알고 있습니다. 갑자기 궁금해집니다. 어떤 식으로 마침내 해탈하게 됐는지요?"

"그렇다면 속편 이야기를 들려주도록 하지."

싯다르타는 보리수 아래 앉아 큰 뜻을 세웠다. 그러자 마왕 파피야스의 궁전이 크게 흔들렸다.

싯다르타는 생각했다.

'나는 곧 열반에 이르리라. 욕망의 세계 주인 마왕 파피야스를 기필코 항복시키리라.'

그때 마왕 파피야스는 대신들과 자식들을 불러 말했다.

"세간에 있는 싯다르타가 이제 곧 해탈에 이를 것이다. 우리는 그가 해탈을 이루지 못하도록 막아야 한다. 그가 해탈하면 중생들은 우리를 버리고 모두 그를 따를 것이다. 그러면 우리의 세계는 머지 않아 파괴되고 말 것이다. 아아, 두렵도다. 우리 모두 힘을 합쳐 그를 항복시켜야 한다."

마왕에게는 세 딸이 있었는데, 첫째는 염욕(染欲)이요, 둘째는 능열인(能悅人)이요, 셋째는 가애락(可愛樂)이었다. 그 딸들은 하나같이 외모가 뛰어났다.

마왕이 딸들에게 명했다.

"아름다운 나의 딸들아, 속히 저 보리수 아래로 내려가라. 그곳에서 수행하는 싯다르타를 유혹하여 열반에 이르지 못하게 하라."

딸들은 곧장 싯다르타에게 가 교태를 부리면서 유혹했다.

"때는 바야흐로 봄날이라. 향기로운 꽃내음이 진동하는구나. 우리의 청춘은 한번 가면 다신 오지 않는 것. 젊을 때 모든 욕망을 즐겨야 하리. 우리의 고운 얼굴과 아름다운 몸매를 보소서. 열반은 얻어서 무엇하리. 우리 함께 열락을 누립시다."

싯다르타는 조금도 요동하지 않고 말했다.

"무릇 칼날에 발린 꿀은 혀를 상하게 하고, 오욕은 뱀의 아가리와 같도다. 나는 이미 모든 욕망을 버려 마치 바람처럼 자유롭다. 너희들은 감히 나를 욕망에 가두지 못하리라. 너희는 비록 아름다우나 독이 든 채색한 항아리와 같도다. 또한 마치 똥이 들어 있는 가죽주머니와 다르지 않도다."

세 딸들은 기세가 누그러져 돌아가고 말았다. 마왕의 공격은 더 거세졌다. 그는 18억의 마군으로 하여금 싯다르타를 공격하게 했다. 천지가 요동했다.

하지만 싯다르타는 미동도 하지 않았다. 싯다르타는 선정에 들어 중생의 고통을 생각했다.

'오랫동안 단 하루도 어기지 않고 지켜온 나의 열 가지 수행. 십바라밀이 나를 지켜 주리라. 보시, 지계, 인욕, 정진, 정려, 지혜, 방편, 원(願), 역(力), 지(智) 이것으로 마왕의 군사를 물리치리라.'

마왕의 군사는 결코 싯다르타를 굴복시킬 수 없었다. 그러자 마왕이 싯다르타 앞에 나타나 말했다.

"그대는 지난 6년간 고행을 해도 해탈에 이르지 못했다. 그런데 앞으로 어떻게 해탈에 이를 수 있단 말인가? 또한 해탈은 해서 뭘 할 것인가?"

싯다르타가 말했다.

"마왕이여, 그대는 욕망의 세계의 주인일 뿐이다. 그것은 가장 높은 주인도 아니고 진정한 주인도 아니다. 나는 열반을 이루어 부처님 세계의 진정한 주인이 되리라. 나는 기필코 수행정진하고 해탈하여 부처의 도를 성취하리라."

마침내 싯다르타는 마왕을 물리치고, 모든 마군의 항복을 받았다. 탐, 진, 치의 독한 가시를 모두 짓밟아 버렸다. 금강좌에 앉은 싯다르타는 선정에 들어 자비심을 일으켰고, 나태와 혼돈 그리고 의심과 불신을 모두 소멸시켰다. 그렇게 하여 호수처럼 잔잔한 마음을 얻었다.

싯다르타는 청정한 눈으로 욕망과 악한 법을 소멸시켜 제1선에 들었다. 이후 선과 악의 분별관을 버리자 삼매의 기쁨과 더불어 제2선에 들어섰다. 그 다음 마음의 움직임에 대한 욕구와 의지를 버리자 몸과 마음의 고통이 소멸한 제3선에 들어섰다. 이어 더 나아가 제4선에 들어섰다.

그제서야 세상의 본 모습이 보였다.

'선과 악으로의 구별, 고통과 기쁨의 구별이 사라지고 청정한 마음 속에 있으니 비로소 세상이 조화롭게 보이는구나.'

그리고 나서 싯다르타는 천안통을 얻었다. 이로써 고통 속에 빠진 중생들을 살펴보았다.

먼저 지옥의 중생을 보았다. 혀를 자르고 귀에 끓는 물을 넣고 눈을 쇠꼬챙이로 찌르고 끓는 가마에 집어 넣었다. 다음 축생의 중생을 보았다. 사람에게 잡아 먹히거나 저희들끼리 싸우면서 뜯고 할퀴고 있었다. 마지막으로 아귀의 중생을 보았다. 배는 태산처럼 크지만 목구멍이 바늘처럼 작았다. 또 어떤 중생의 몸은 불에 타고 있었다. 인간 또한 고통을 받았다. 하늘의 세계 또한 복락이 다하면 삼악도로 떨어져 고통을 받았다.

싯다르타는 절로 탄식이 나왔다.

'중생의 세계에는 실로 고통뿐이로구나. 저들은 그것도 모르고 즐거움을 구하는구나.'

싯다르타는 한밤중까지 중생의 모습을 관찰했다. 그 결과 싯다르타는 모든 생명의 과거와 미래를 꿰뚫어볼 수 있는 숙명통을 얻었다. 그리고 자신은 물론 모든 생명의 나고 죽는 과정을 꿰뚫어보았다.

'실로 이 우주는 끊임없이 성주괴공(成住壞空)을 반복하는구나.'

싯다르타는 나고 늙고 병들어 죽는 고통의 수레바퀴 속에서 중생을 구제하는 법을 구했다. 싯다르타는 늙고 병들고 죽음은 생이 있으므로 해서 생기고, 12가지의 연관고리(緣起)로서의 무명(無明)으로 인해 생긴 것을 알게 되었다.

싯다르타는 생각했다.

'저것이 생기므로 이것이 생기고 저것이 있으므로 이것이 있으며, 저것이 멸함으로 이것 또한 멸하고 저것이 없으므로 이것 또한 없느니라. 곧 무명으로 인해 제행을 연하고 또한 인간의 모든 고통이 생겨나며, 무명이 소멸되면 인간의 모든 고통이 소멸되는 것이다.'

그리고 나서 게송을 읊었다.

"청정한 눈과 바른 행으로 세간을 보면 이렇듯 서로 생멸함으로 보리라. 결국 모든 법은 인연임을 알게 되리라."

새벽 무렵, 싯다르타는 누진통을 얻었다. 사성제로써 중생의 생사 고통의 12연기를 끊어 버릴 신통을 얻었다.

동쪽에서 밝은 새벽별이 떠오르고 있었다. 싯다르타는 그 별을 보는 순간 열반에 이르렀다. 싯다르타는 사자처럼 포효했다.

"이제 어둠의 세계는 산산조각이 났다.

나 이제 다시는 고통의 수레바퀴에 말려들지 않으리.

이것은 고뇌의 최후이다.

이제 나는 여래의 세계를 선포하노라."

거기서 말을 그쳤다. 붓다, 아니 붓다님은 탁 트인 광장을 바라봄으로써 깊은 여운을 자아냈다. 새삼, 붓다님이 장하고도 위대하게 보였다. 실로 내 옆의 붓다님이 진짜 붓다님일진저!

"고행 이상의 엄청난 마왕의 유혹이 있었군요. 그걸 다 이겨내셨으니 대단합니다."

"그건 고행 이상의 고통으로 다가왔네. 허나 난 오직 중생구제를 위한 깨달음을 위해 나를 바쳤네."

내가 끼어들었다.

"마왕 파피야스와 그의 군사, 그의 세 딸 이 모든 건 내면의 욕망이 아닌가요? 저도 명상을 해와서 그 정도는 알고 있습니다. 점차 수련의 경지가 높아짐에 따라 온갖 마(魔)가 거세게 일어나지요. 그렇지 않습니까?"

붓다가 말했다.

"그렇지, 그렇게 볼 수 있네. 해석의 관점에 따라서."

"그나저나 다른 건 몰라도 여색을 물리친 게 너무 대단합니다. 이런 말이 있잖아요? 여색이 하나이길 망정이지 만약 둘이라면 이 세상에 수행자는 한 명도 없을 거라는."

"그래, 여색에 대해 잘 말해 주었네. 그것에 굴복한다면 진정한 수행자라 할 수 없지."

내가 말했다.

"붓다님, 전 수행자가 아닌 것 잘 아시죠? 그저 꾸준히 명상을 해왔을 따름입니다."

그러자 붓다가 나를 바라봤다.

"수행자는 일정한 모습을 하지 않네. 보통 사람의 눈에는 드러나지도 않네. 그러나 나는 수행자를 알아볼 수 있네."

"설마, 저를 수행자로 여기시고 수행의 길로 떠미시려는 건 아니지요?"

붓다가 말이 없었다. 나는 생각에 빠졌다.

실로 나는 진정한 수행자와는 좀 거리가 있지 않나 생각한다. 그런 한편 나도 내 나름의 수행을 한다고 여겨왔다. 공에 길들여진 내가 대학 시절 처음으로 관심이 간 곳이 하필이면 종교계통이었다. 대학교 동아리로 '증산도'를 선택해 한때는 집중적으로 새벽 주문 수련을 하기도 햇다.

"훔치 훔치 태울천상원군 움리치야도래……."

이렇게 한 학기 정도를 하니 수련의 묘미를 조금이나마 알게 됐다. 무념상태에서 일어나는 별별 신기로운 현상을 체험하기도 했으며, 무엇보다 마음의 안정을 찾을 수 있어서 좋았다. 그러나 공에 길들여진 내가 본격적으로 시 습작을 시작하면서 종교적인 교리와는 잘 맞지 않는다는 것을 깨달았다.

"조상님을 잘 모셔드려야 해."

"후천개벽이 곧 펼쳐져."

"억양존음의 시대가 도래했어."

이런 '규칙'을 싫어한 나는 그곳과 작별을 고하게 됐다.

그 다음으로 나는 국선도, 참선, D선원, T기공, 순수 파장 등을 띄엄띄엄 해왔다. 내가 상당한 수준에 올랐을 때는 D선원에서다. 이곳에서 7~8년 동안 아주 열심히 수련을 했다. 그 결과 나는 기 운용을 하는 경지에 다다랐다. 하지만 이곳도 거센 규칙과 끈질긴 세일즈로 정나미가 떨어지게 했다.

"이번 단군 기념관 행사에 꼭 참석해야 합니다."

"고대에 우리 민족은 전 세계를 주름잡았던 민족입니다."

이러다가 결국엔 요랬다.

"이 생약 한번 드셔 보세요. 몸에 아주 좋습니다."

건강보조 식품 세일즈였다. 이런 탓에 그곳도 절연하고 말았다. 결국 나는 혼자 집에서 명상하는 길을 택했다.

그 후 나는 주문 수련이니, 단(丹)이니, 기공이니 다 버렸다. 내가 했던 명상은 이렇다. 다만 코에 의식을 집중하고 무념상태에 빠진다. 그리고 코로만 숨을 들이마시고 내쉬면서 숨의 흐름에 나를 맡긴다. 그러다보면 몸이 풍선처럼 불어났다가 쪼그라드는 느낌이 온다. 온몸에 전기가 찌르르 퍼진다. 이렇게 지속하다보면 상당한 경지에 오르는 체험을 하게 된다. 이것이 나의 명상이자 수행의 전부다.

문제는 이것이 아니다. 명상할 때와 그렇지 않을 때 내 모습이 천지 차이란 말씀이다. 명상할 때와 바로 그 전후에는 내 죽음의 문제에 침잠하게 된다. 또한 우주(宇宙)에 대해 사색하게 된다. 이때는 정말 우주가 내 고향의 앞바다처럼 실감나게 느껴지기도 한다. 공허하고 막연한 우주가 아니라 분명한 질감이 느껴지는 우주. 그러면 우주에서 쏟아지는 파장이 온몸을 훑는 듯한 느낌도 생긴다.

그런데, 술 좋아하는 내가 어디 가겠는가? 주로 술 취한 상태가 되면 나는 내 욕망의 주구(走狗)가 돼버린다. 일주일에 최소 세 번은 약하게나마 술을 마신다. 고로 일주일에 최소 세 번은 여색에 진탕 빠져 버린단 말씀이다.

이런 나를 나는 재빨리 합리화했다. 나의 수행법은 탄트라의 욕망 자유 해소를 계승한다는 것이 요지다. 실제로 나는 그래왔다.

명상을 해 온 사람은 안다. 하면 할수록 몸 상태는 좋아지고 이에 따라 욕망은 더 거세진다는 것을. 나는 단 한 번도 금욕주의자를 따라하지 않았다.

이런 내가 과연 수행자라 할 수 있을까? 현재까지는 그렇지만 앞으론 내가 어떻게 될지 모른다. 톨스토이는 여색에 환장하다가 나중에 기독교에 귀의해, 오늘날의 대작가로 남았다. 『고백록』의 성자 아우구스티누스 역시 과거는 여색(女色) 찬란했거늘.

이런 나에게 절절히 가슴을 파고드는 건, 붓다를 유혹했던 마왕의 딸의 말이다.

"때는 바야흐로 봄날이라. 향기로운 꽃내음이 진동하는구나. 우리의 청춘은 한번 가면 다신 오지 않는 것. 젊을 때 우리 모든 욕망을 즐겨야 하리. 우리의 고운 얼굴과 아름다운 몸매를 보소서. 열반은 얻어서 무엇하리. 우리 함께 열락을 누립시다."

이 말은 이 지구상의 신체 건강한 남자 모두에게 파고드는 말이다. 이 말은 한마디로 색(色)의 극치를 보여주는 거다. 어느 누가, 쉽게 물리칠 수 있으랴! 인생의 의미와 목적을 온전히 이것에 두는 남자가 한둘이 아닐진대.

하지만 난 명상의 묘미에 빠져 있는 몸이기도 하다. 명상 상태에 빠져 있을 때란 마치 몽롱하게 취한 상태와 같아 너무나 행복하다. 나는 꾸준히 그

행복을 추구해 왔다.

　요즘엔 내 두 방면(명상과 색)의 '행복의 합일'을 시기한 것인지 연달아 '암초'가 나타나 내 마음의 평화 상태를 깨뜨리지만.

　"붓다님, 전 정말 수행자하고는 거리가 먼 듯합니다. 저에게 기대하지 마세요."

　"모든 건 억지로 해서 되는 일이 없네. 되는 일은 되게 되어 있을 따름이지."

　"전 이대로 저 혼자 명상을 하는 것으로 만족하렵니다."

　"수행은 엄청나게 특별한 형식이 필요하다고 생각하는 건 잘못이네. 수행은 어떤 면에서 보면 우리 일상 생활과 밀접하게 맞닿아 있을 수 있어. 무슨 일을 하든, 근원적인 것에 대한 지향심을 잃지 않는 게 중요하지. 그러는 과정에 주변적인 것들은 차차 가지치기가 된다고 보네."

　"사실 보통 사람이 수행하기 힘든 원인의 하나가 수행의 지나친 형식화가 아닌가 생각이 됩니다. 골치 아프게 이런 저런 규칙이 많으면 쉽게 접근할 수가 없죠. 불교의 호흡법이 그렇습니다."

　"무슨 말인가?"

　"왜요? 간화선[6] 이다, 묵조선[7] 이다, 위파사나[8] 다 별별 게 참 많던대요."

　"아, 그걸 말하는군. 그래 그 점 나도 걱정하는 부분일세. 사실 내가 했던 호흡법은 지극히 단순한 것에 지나지 않았어. 그런데 수천 년이 지나다 보니 여러 가지 형식이 생기고 말았지."

"그런가요? 그럼 붓다님의 호흡법을 알려주세요."

붓다가 내 얼굴을 응시하면서 말했다.

"그야 어렵지 않지."

붓다가 말했다. 이 이야기는 『대념처경』에 다음처럼 전한다.

비구들이여, 비구가 어떻게 몸을 관찰하면서 거하는가? 비구들이여, 비구가 숲 속에서나 나무 아래서나 빈방에서 결가부좌를 하고 몸을 똑바로 세우고 마음을 챙겨서 앉는다. 그는 마음을 집중하여 숨을 들이쉬고 마음을 집중하여 숨을 내쉰다. 혹은 길게 들이쉬면서 '나는 길게 숨을 들이쉰다'라고 알아차리고, 혹은 길게 숨을 내쉬면서 '나는 길게 숨을 내쉰다'라고 알아차린다. 혹은 짧게 숨을 들이쉬면서 '나는 짧게 숨을 내쉰다'라고 알아차린다. '온 몸에 대해 느끼면서 나는 숨을 들이쉰다'라고 수련하고, '온 몸에 대해 느끼면서 나는 숨을 들이쉰다'라고 수련한다. '신체 반응을 고요히 가라앉히면서 나는 숨을 들이쉰다'라고 수련하고 '신체반응을 고요히 가라앉히면서 나는 숨을 내쉰다'라고 수련한다.

---

6) 화두(話頭)를 근거로 수행하는 참선법.
7) 망상과 잡념을 없애고 고요히 앉아서 진리를 깨닫고자 하는 선.
8) 남방 불교에서 정념(正念)을 사용하여 진리를 깨닫고자 하는 수행법.

그리고 나서 붓다는 자신의 호흡법을 잘 수행한 한 비구를 예로 들었다. '나운'이라 불리는 그 비구에 대한 이야기는 『증일아함경』에 다음처럼 전한다.

한 나무 밑에 앉아 몸을 바르게 하고, 마음을 바르게 잡고, 결가부좌하였다. 다른 생각이 없이 마음을 코 끝에 두고 긴 숨이 나가면 숨이 길다고 알고, 들어오는 숨이 길면 또한 숨이 길다고 알고, 나가는 숨이 짧으면 또한 숨이 짧다고 알고, 들어오는 숨이 짧으면 숨이 짧다고 알고, 나가는 숨이 차면 또한 숨이 차다고 알고, 들어오는 숨이 차면 또한 숨이 차다는 것을 알고, 나가는 숨이 따뜻하면 또한 숨이 따뜻하다고 알고, 들어오는 숨이 따뜻하면 숨이 따뜻하다는 것을 알았다. 때로는 숨이 있으면 있다고 안다. 때로는 숨이 없으면 또한 없다고 안다. 만약 숨이 마음으로부터 나가면 또한 마음으로부터 나간다고 알고, 만약 숨이 마음으로부터 들어오면 또한 마음으로부터 들어온다고 알았다. 이때에 나운은 이와 같이 사유하고 곧 해탈을 얻어 다시 악함이 없으며 깨닫고 관찰함에 기쁨과 평안함을 얻는 초선에서 놀며, 깨닫고 관찰함에 스스로 기뻐하여 일심으로 깨달음이 없고 관찰함이 없는 삼매의 기쁨인 이선에서 놀며, 다시 기쁨조차 없고 오로지 몸의 즐거움을 알고 성현의 가호를 구하는 것으로 기뻐하는 삼선에서 놀며 저 고락의 길이 멸하여 다시 근심이 없고 고가 없고 낙이 없고 생각이 청정한 사선에서 놀아 삼매 속에서 마음이 청정하여 더러움이 없었다.

“어떤가? 간단하지?”

“네, 매우 간단합니다. 숨이 들어오는 것과 나가는 것을 알아차리면 되네요.”

“그래, 다만 숨을 입으로 쉬지 말고 코로 쉰다는 점 유념하게나.”

나는 생각했다.

‘그러고보니, 요즘 내가 하는 방법과 비슷하네. 나 역시 오로지 코 호흡에 집중하면서 몸의 변화를 바라보지. 그러다가 이내 무아지경에 빠지고.’

붓다가 생각난 듯이 말했다.

“자네 나라의 선조 중에선 서산대사가 수행의 상당한 경지에 올랐다네.”

“아, 임진왜란 때 도술을 부린 스님 말입니까? 사명대사의 스승이셨던…….”

“그래, 서산대사는 신통력을 부릴 정도로 높은 수준의 참선을 했어. 서산대사가 남긴 『선가귀감』을 보면 잘 알 수 있네.”

“그렇군요, 그 책을 꼭 사서 봐야겠습니다. 제가 호흡 수련 책은 모두 사서 보고 있거든요.”

붓다가 말했다.

“이제 수행, 호흡을 통해 내가 성취한 열반을 『반야심경』을 통해 보도록 하세나.”

나는 고개를 숙여 카드에 시선을 고정했다.

“이번은 ‘無智亦無得(무지역무득) 以無所得故(이무소득고) 菩提薩陀(보리살타) 依般若波羅蜜多故(의반야바라밀다고) 心無罣碍(심무가애) 無罣碍故(무가애고) 無有恐怖(무유공포) 遠離顚倒夢想(원리전도몽상) 究竟涅槃(구경열반)’ 이네. 이 뜻은 ‘지혜가 없고 얻음이 없으니 얻을 바가 없으므로 보리살타가 반야바라밀다에 의지한 고로 마음에 걸림이 없고 걸림이 없는 까닭에 두려움이 없어 뒤바뀐 생각 멀리 떠나 마침내 열반을 이루며’ 일세.”

나는 붓다의 말을 들으며 카드에 적힌 구절을 천천히 음미했다.

無智亦無得 以無所得故 菩提薩陀 依般若波羅蜜多故 心無罣碍 無罣碍
무지역무득 이무소득고 보리살타 의반야바라밀다고 심무가애 무가애
故 無有恐怖 遠離顚倒夢想 究竟涅槃
고 무유공포 원리전도몽상 구경열반

지혜가 없고 얻음이 없으니 얻을 바가 없으므로 보리살타가 반야바라밀다에 의지한 고로 마음에 걸림이 없고
걸림이 없는 까닭에 두려움이 없어 뒤바뀐 생각 멀리 떠나 마침내 열반을 이루며

“‘無智亦無得(무지역무득)’ 이 말은 지혜도 없고 또한 얻음이 없다는 뜻이네. 이게 무슨 말이냐? 다시금 『반야심경』의 공 사상을 피력하는 걸세. 모든 게 없는데, 따로 지혜가 무엇이겠나? 그와 함께 무언가를 얻는다는 것도 있을 수 없는 거지. 유, 있음을 전제로 해서만 지혜가 의미가 있고, 무언가를 얻음이 있는 거잖는가?”

"네, 그렇군요. 철저히 공으로 파고 들어가는군요."

"여기 지혜(智)는 특히 깨달음을 구하는 법이라 볼 수 있지. 이것 또한 공이라네."

나는 말을 삼갔다.

"다음 以無所得故(이무소득고). 이것은 '얻을 것이 없으므로(없기 때문에)'라는 의미일세. 이 말은 『반야심경』의 공사상을 가장 잘 집약해 주는 걸세. '얻을 것(所得)이 없다' 이 말은 일체가 공이라는 말일세. 공이기 때문에 본래 얻을 것이 전혀 없다는 말이야. 이와 반대로 우리의 삶은 어떤까? 얻을 것(所得)을 추구하지 않는가? 부와 명예와 권력 그리고 의미 있는 유, 무형의 결과물. 『반야심경』은 이것을 부정한단 말씀이네. 『금강경』에서는 이렇게 말하네. '무릇 상이 있는 바는 다 허망함이니, 만약 모든 상이 상이 아님을 보면 곧 여래를 볼 것이다.'"

어디선가 시원한 한 줄기의 바람이 불어와 내 뺨을 간질였다. 한 줄기의 바람이 마치 자신의 존재 가치를 알리기라도 하듯이. 한 줄기의 바람을 우습게 보지 말라는 듯이.

"'菩提薩陀(보리살타) 依般若波羅蜜多故(의반야바라밀다고)' 菩提薩陀(보리살타)가 뭔지 잘 알지? 앞서 얘기했는데."

즉각적으로 내 머리의 불이 들어왔다. 아까 한 붓다의 말이 메아리쳤다.

'본래, '보살(菩薩)'에는 두 가지 의미가 있어. 이 말은 '보리살타'의 줄임말로 산스크리트어로 '보디샤트바(Bodhissattva)'라고 하네. 여기에는 깨달음을 의미하는 '보리'와 중생을 뜻하는 '샤트바'가 합쳐 있는 거지. 그러니까 보살은 깨달은 자와 미혹한 중생, 이 두 가지 속성을 가지고 있다네. 자네, 곧 홍진우 보살도 '깨달음'과 '미혹함' 두 의미가 있다네. 붓다의 길은 모두에게 열려 있다는 점을 잊지 말게나.'

내가 입을 열었다.

"줄여서 그냥 '보살(菩薩)'이라고 하면 되겠네요."

"좋아. 그렇다면 이 구절은 간단하지?"

"제가 한번 분석해 보겠습니다. '依般若波羅蜜多故(의반야바라밀다고)' 이 말은 의(依)+반야바라밀다(般若波羅蜜多)+고(故)'가 되네요. 반야바라밀다에 의지한 고로(까닭에). 맞죠?"

"그래 잘 했어. 반야바라밀다(般若波羅蜜多)는 뭔지 알지?"

나는 손에서 좀 전에 받은 카드를 꺼내며 말했다.

"본래, 십바라밀인데, 줄여서 육바라밀이라 하셨죠."

그리곤 카드를 들어 보았다.

육바라밀(六波羅蜜)

1. 보시바라밀 : 베푸는 수행

2. 지계바라밀 : 계율을 지키는 수행

3. 인욕바라밀 : 참는 수행

4. 정진바라밀 : 근면하게 부지런히 닦아 나가는 수행

5. 선정바라밀 : 마음을 고요히 가라앉히는 수행

6. 반야바라밀 : 완전한 지혜로 모든 실상을 깨달아 보는 수행

"그래, 잘 기억하고 있네. 결국 '보살은 육바라밀(십바라밀)에 의지하는 고로' 이렇게 되네. 그 다음에 어떤 일이 벌어지는지는 다음 구절을 보면 알 수 있네. '心無罣碍(심무가애) 無罣碍故(무가애고)' 즉, '마음에 걸림이 없고 걸림이 없는 까닭에'이네. 그 다음 '無有空怖(무유공포) 遠離顚倒夢想(원리전도몽상)'이네. 즉 '두려움이 없어 뒤바뀐 생각 멀리 떠나'이지. 그 다음에 비로소 '究竟涅槃(구경열반)' 즉, '마침내 열반으로 이루며'가 된다네. 정리하지. 마음에 걸림이 없어지고, 두려움이 없어지고, 뒤바뀐 생각 멀리 떠나게 되고 나서 비로소 열반에 이르게 된다는 말일세."

나는 붓다의 옆얼굴을 바라보았다.

"여기서, 뒤바뀐 생각(顚倒夢想)이 뭘까? 말 그대로 주객전도가 되었단 말이지. 이것에 대해선 『대지도론』에 잘 설명이 되었네. 여기선 전도된 생각을 네 가지로 요약하네. '깨끗하지 않은 것 가운데서 깨끗하다 하는 뒤바뀜이 있고, 괴로운 것 가운데 즐겁다 하는 뒤바뀜이 있으며, 항상함이 없는 것 가운데서 항상함이 있다고 하는 뒤바뀜이 있고, '나'라는 것이 없는 가운데서 '나'라는 것이 있다는 뒤바뀜이 있다.' 어때 이해가 잘 되나?"

"네."

“이제 마지막으로 ‘涅槃(열반)’에 대해 알아보세나. 열반에 대해선 『잡아함경』이 잘 설명해 주네. ‘탐욕, 진미(瞋迷), 우치(愚癡)의 길이 다하고, 일체 번뇌의 길이 다한 것을 열반이라 한다.’ 한마디로 열반은 일체의 고통에서 벗어난 최고의 행복 상태를 말한다네. 물론, 여기에 앞서 말한 호흡 수행이 전제되어야 한다는 점 잊지 말게나. 호흡 수행이 전제되지 않은 열반은 없다고 봐도 무방하네.”

The Great Day
With
Buddha

Part 8

완전한 행복과 지혜

三世諸佛 依般若波羅蜜多故 得阿耨多羅三藐三菩提
삼 세 제 불　의 반 야 바 라 밀 다 고　득 아 뇩 다 라 삼 먁 삼 보 리

삼세제불도 반야바라밀다에 의지한 고로 아뇩다라삼먁삼보리를 얻었느니라

붓다와 나는 월드컵 공원을 뒤로 하고 걸었다. 거대한 비행접시처럼 생긴 상암 월드컵 경기장에서 요란한 함성이 흘러 나왔다. 축구 경기가 열리고 있는 모양이었다.

상암 월드컵 경기장의 둥그런 내부에는 온갖 가게들이 들어서 있다. 옷가게에서부터 식당, 영화관까지. 나는 그곳에서 싸구려 트레이닝복을 샀고, 영화관에서 영화 딱 한편을 본 적이 있다.

다리를 건너고 있자 아래로 하천이 보인다. 하천 양 옆으로 단장된 산책로가 눈에 들어온다. 이 다리를 건널 때마다 하천의 산책로에는 항상 걷고, 달리고, 자전거를 타는 사람들이 보였다.

다리를 건너고 나서 보도블럭을 걷는다. 유월의 화창한 햇살이 내려쪼인다. 저녁으로 갈수록 햇살이 더 환해지는 것 같았다.

나는 내 옆의 붓다를 살짝 엿보았다. 자신을 붓다라고 소개한 붓다. 과연 내 기대에 부응해 주었다. 진짜 붓다인 것이다! 난 아직 내 옆의 붓다를 붓다가 아니라는 확증을 얻지 못했다. 고로, 내 옆의 붓다는 그의 주장처럼 또 내 기대와 소망처럼 진짜배기 붓다였다.

난, 생활고에 찌들려 살아왔지만, 대학 강단에서 잘렸지만 참말로 복받은 놈이다. 나는 지구상에 가장 복을 받은 사람이다. 그 수억 명의 사람들 중에 붓다와 하루를 보냈다는 것은 내가 선택받았다는 증거가 아니겠는가?

고향에서 '공'스럽게 살아오던 나에게 항상 하시던 어머니의 말씀이 떠올랐다.

"늬가 우리 집에서 제일 크게 된다 하더라."

불교에다 무속 신앙에 깊이 침윤됐던 어머니의 말씀이었다. 여러 명의 용하다는 점쟁이들이 하나같이 그런 '예언'을 했다는 것! 오늘이 바로 그 '예언'이 성취된 날이 아닌지?

까닭 모르게 생글생글 웃음이 나왔다.

잠시 현실을 잊고 걷다가 집으로 이어지는 길을 보자 머리가 아파왔다. 스트레스가 한꺼번에 기다리기라도 했던 것처럼 몰려오는 것 같았다. 눈도 침침해지려 했다. 이 길을 걸어 집에 도착하면 다시 '원상복구', 제 자리가 되지나 않을지 걱정이 엄습했다.

마흔 초입의 나이에 아직도 가정이 없고, 안정적인 수입도 없는 자. 그가 사는 집은 월세 35만 원의 다세대 주택이다. 홍대 후문, 극동 방송국 건너편, 클럽이 밀집한 골목 입구의 사잇길에 내 보금자리가 있었다. 홍대에 인접해 있다는 이유 하나로 전봇대에 붙인 광고를 보고 들어와 살고 있다.

수백 여 권의 책과 책상 그리고 옷더미와 화장대로 쓰는 밥상이 나의 전 가재도구이자 전 재산이다. 나는 이곳을 오로지 취침용으로만 사용했다. 나머지 대부분의 시간은 인근 학교의 연구실에 바쳐졌다. 토요일, 일요일, 국경일, 추석과 설날도 예외는 아니었다.

내 삶은 '연구'에 바쳐져야만 했다. 하지만 실상은 그렇지 못했다. 벌이를 위해 하고 있는 자서전 집필과 출판사에서 의뢰 받은 원고 각색 및 윤문을 연구실에서 해야 했다.

옆에서 보면 대단한 '연구열'이 느껴질 것이다. 대단한 학술 논문 집필에 몰두하는 것으로 비칠 것이다. 그렇지만 정작 연구에 매달릴 시간은 턱없이 부족했다.

결정적으로 시간강사를 하게 되니, 경제 형편이 더 안좋아졌다. 투자 대비 수입 금액이 적었다. 그 시간에 자서전이나 하나 쓰면 좋겠단 생각이 자주 들었다. 그렇다고 자서전 일감이 생각처럼 자주 있는 것도 아니었다. 오로지, 교수 자리 하나를 보고 쪼들리는 생활을 견디는 것이다.

2년 전의 일이다. 일개 중위권 대학원생에 불과한 자가 어느 날 학생들로부터 '교수님'이라는 칭호를 듣게 된 것이. 그로부터 나는 빈궁한 처지에 아랑곳하지 않고 보무도 당당하게 교내를 활보할 수 있었다.

지방 출신에 장래가 불투명한 노총각 홍진우가 시간강사를 하게 되자, 하루하루가 보람찼다. 매달 통장에 들어오는 건 쥐꼬리나 오징어 꼬리였지만.

지금만 견디면 곧 교수 직함이 떨어질 듯한 환상이 몰려왔다.

'그래, 바로 이 맛이야! '교수님'이라 불리고, 복도나 교내에서 인사도 받고.'

누가 시킨 것도 아니고, 권장하지도 않았지만 저절로 나의 목소리에는 힘이 실리기 시작했다. 목소리에 힘을 불어넣음으로써 학생과의 차별화를 시도했다. 그리곤 귀가 닳게 교수님들에게서 들어왔던 호칭과 특유의 악센트를 곁들인 관용구들을 구사했다.

"자네" 혹은 "○군" 그리고 "……했단 말이지" 혹은 "…… 그렇지요?"

이로써 내가 학생들과 차원이 다른 신분임을 알려 주는 다양한 방중 자료를 구축할 수 있었다. 아, 여기에 추가할 게 있다. 절대 빠져서는 안될 것, 그러나 일년 하고 나니 그것도 시들했지만. 그게 뭐냐? 바로, 양복이다.

구김 하나 없는 양복은 내가 평범한 대학원생이 아니라 비정규직이나마 '교직원'임을 잘 표시나게 해주었다.

나는 그 누구보다 양복에 예민하게 신경썼다. 양복 바지는 주름이 무너질까 강의가 끝나면 곧바로 집에 가서 청바지로 갈아입었다. 이렇게 각별하게 신경씀으로써 여느 강사들 중에서도 돋보일 수 있었다.

다른 강사들은 하루 이틀만 지나면 양복 바지의 주름이 무너지고 구김살이 생겼다. 상의의 등 부위도 집중적으로 구김살이 생겼다. 허나, 나는 전혀 그렇지 않았다. 이로써 신참내기 대학 강사, 그러나 나이는 좀 있는 나는 신선한 이미지를 유지할 수 있었다.

강의실에서는 이 신선함이 주효하지 않았나 보다. 불행히도 내가 강의를 맡게 될 무렵부터 이름도 거룩한 '강의평가제'가 거국적으로 시행되었다. 예전에도 있었으나 그때는 '형식미'만 갖추었다. 허나, 나 때부터는 '내용미'가 추가되었다. 이젠 강의 평가가 안 좋으면 강사와 교수 모두 학교에서 쫓겨나게 된 것이다.

그러니 주름 빳빳한 양복은 내 이미지에 플러스 점수를 줄 것이 분명했다.

"와, 저 교수님(자기들끼리는 '강사'로 통하지만) 프로페셔널해 보이지 않아?"

"엥, 이건 교수님이 틀린 것 같은데. 하지만 저 빳빳한 양복을 입은 교수님이 틀릴 리가 있겠어? 실수라면 몰라도."

"헉, 오늘 (양복을 안 입으시니까) 교수님 강의가 광채 나지 않대?"

이런 긍정적인 반응이 나왔다. 이 여세를 몰아 '고 평가'가 나오도록 무진 애를 썼다. 하지만 전후좌우 경쟁자만 있는 연구실의 대학 강사들이 강의 관련 정보 공유를 할 리 만무했다. 결국 한 학기를 엄청 헤매고 나서야 강의기법과 강의 자료를 나름 구축할 수 있었다.

이름하여 '스토리텔링 강의 기법'을 구사했는데 나름 톡톡히 효과를 보았다. 지금도 잊지 못한다. 어느 여학생이 구구절절 좋은 평가를 남겼던 것이다. 기억을 되살리면.

교수님은 재치 넘치는 만담 같은 이야기로 학생들을 재밌게 해주셨습니다. 강의가 이론적으로 흐르면 자칫 딱딱하고 지루할 수 있는데 교수님은 재밌는 일화를 들려주셔서 강의가 넘 좋았어요. 이런 식으로 하면 다른 학생들이 아주 좋아할 것 같습니다.

두 번째 강의를 마친 뒤 받은 평가였다. 첫 학기의 시행착오를 뒤로 하고, 다음 학기에 발군의 실력을 발휘했던 것이다. 강의에 대한 격찬을 받자, 나는 날아갈 것 같았다.

'마침내 내 인생의 봄날이 왔구나. 그래, 난 역시 교수 체질이었어.'

이렇게 흥겨운 기분으로 그 다음해에도 열심히 학생들을 가르쳤다. 그러던 어느 날 날벼락이 떨어진 것이다.

서슬퍼런 '비정규직법'이 나를 싹뚝 잘라낸 것이다. 이제 나에게 다시 '공'의 시간과 공간이 찾아오는가? 시인으로 아등바등 살아가면서 '멋스럽게' 강사를 해내던 대한민국의 노총각 홍진우를 정녕 대한민국 국회는 내다 버리는가?

절래절래 고개를 흔들자 붓다가 내 어깨를 툭 쳤다.

"자네 뭘 그리 생각하나? 안색이 갑자기 안 좋아지는 듯해."

"아, 네. 밀린 카드빚이 있어서요."

붓다가 말했다.

"걱정해도 해결되지 않는 건 걱정하지 말게나. 항상 마음을 편히 가지게."

"그래야 되는데 잘 안됩니다."

머릿속으로 중국 우화가 스쳐 지났다.

'하늘이 무너질까, 땅이 꺼질까 고민하던 중국의 어느 선비가 있었지. 그는 자다가도 벌떡 일어나곤 했지. 그는 쓸데없는 걱정으로 단 하루도 마음 편히 잠을 이룰 수 없었지.'

붓다와 나는 붉은 신호등 앞에서 잠깐 섰다. 그 사이 나는 발목을 돌리면서 풀어 주었다. 시내 아스팔트 위로 자전거 레이서들이 대여섯 명 그룹을 지어서 쌩쌩 달려 나갔다. 요즘 웰빙 차원의 자전거 붐이었다.

내가 붓다에게 물었다.

"붓다님도 걷기 많이 하셨죠?"

"그러고 말고. 해탈하고 나서는 줄곧 걸어다녔다네. 내 해탈의 목적이 무엇이었겠는가? 아까도 말했지만 중생 구제가 목적이었지. 그래서 내가 깨달은 지혜를 중생들에게 전도하고자 길을 떠났지."

붓다가 해탈한 후 전도의 길을 떠났던 일을 이야기해 주었다.

붓다는 자리에서 일어나 어느 여인이 남긴 옷을 빨아서 말린 후 입었다. 그 옷이 붓다 곁에 남겨진 것은 이런 이유 때문이었다.

붓다가 수행정진할 때였다. 숲 속에서 죽어가는 여인이 있었다. 이 여인은 붓다가 정좌한 보리수 근처에 버려졌다. 여인은 옆에서 수행정진하는 붓다를 보고 생각했다.

"훌륭한 수행자여, 만약 그대가 해탈에 이르게 되어 자리에서 일어설 때 의복이 없으시면 이 옷을 입으소서."

여인은 자신이 걸쳤던 옷을 옆에 두었다. 며칠 지나지 않아 여인은 숨을 거두었다. 붓다가 해탈을 하자 여인은 하늘의 옥녀가 되었다. 여인은 붓다에게 바른 믿음을 가졌기 때문이다.

이윽고 붓다는 자신이 얻은 법을 전하고자 전에 만났던 웃다카와 알라라를 찾아갔다. 하지만 이미 그들은 죽고 없었다.

붓다는 여러 마을을 지나 갠지즈 강에 닿았다. 붓다를 보고 뱃사공이 말했다.

"이곳을 건너려면 배삯을 내야 합니다. 그렇지 않으면 절대 건너게 해드릴 수 없어요."

그러자 붓다는 허공을 날아올라 강을 건너갔다.

붓다는 걸식을 하여 밥을 먹은 후 녹야원에 이르렀다. 그곳에 있던 다섯 수행자가 붓다를 알아봤다.

"저기 고타마 싯다르타 아닌가? 다행히 죽진 않고 살아있구료. 하지만 이미 고행을 포기해 버린 몸이 아닌가? 우리는 그를 존경할 이유가 없소."

붓다는 말 없이 다섯 수행자에게 나아갔다. 그러자 다섯 수행자는 알 수 없는 힘에 의해 붓다에게 감화가 되었다. 저절로 붓다에게 고개가 숙여졌다. 어떤 이는 물을 떠오고, 어떤 이는 자리를 깔고, 또 어떤 이는 음식을 대접했다.

"먼 곳에서 오시느라 고생 많았습니다."

붓다가 자리에 앉자 한 수행자가 물었다.

"싯다르타시여, 어찌하여 이토록 신수가 좋아질 수 있습니까? 혹 피부가 좋아지고 눈에 광채가 나는 법이라도 얻으셨습니까?"

붓다가 대답했다.

"이제 그대들은 나를 여래(如來)라 부르라. 나는 몸이 좋아질 뿐만이 아니라 일체 번뇌를 끊어 버리는 법을 얻었다. 나는 삼라만상을 모두 꿰뚫어 볼 수 있는 부처이다."

그러자 한 수행자가 말했다.

"지난날 6년 동안 고행을 해도 해탈에 이르지 못했는데 어떻게 해탈하여 부처가 될 수 있단 말이오. 우리는 그대가 목욕하고 세간의 음식을 먹는 걸 똑똑히 보았소. 당신은 절대 해탈에 이를 수 없소."

붓다가 말했다.

"그대들은 극단에 빠져 있어서 실상을 바라보지 못하고 있다. 고행이라는 극단적인 형식에 얽매인 것이다. 나는 어느 것에도 치우치지 않는 중도

(中道)로써 해탈에 이를 수 있었느니라. 보라, 나의 눈빛, 피부 그리고 목소리를."

여전히 다섯 수행자는 붓다의 말을 받아들일 수 없었다.

"절대 그럴 일이 없습니다. 정녕코."

붓다가 조용히 말했다.

"이제 그대들이 나를 인정하면 내 그대들에게 법을 설하리라. 그대들이 내 법을 따라 수행하면 해탈에 이를 수 있으리라. 이제 그대들은 마음을 가다듬고 앉아서 내 가르침을 받으라."

그리고 나서 붓다는 말했다.

"무릇 출가 수행자는 두 가지의 극단을 피해야 한다. 첫째 욕망의 쾌락, 둘째 고행. 욕망의 쾌락은 경계해야 하지만 고행은 장려할 게 못 된다. 고행으로 몸과 영혼이 피폐해짐으로써 오히려 해탈에 방해가 된다. 그대들은 이 두 가지의 극단을 버리고 중도의 길을 걸어가라."

한 수행자가 물었다.

"그럼 중도의 길은 무엇입니까?"

"중도는 팔정도를 말한다. 팔정도를 행함으로써 쾌락의 유혹을 경계하고 또한 고행의 지나침을 멀리하라. 팔정도는 바른 눈, 바른 관찰, 바른 말, 바른 행위, 바른 생활, 바른 노력, 바른 집중, 바른 마음의 통일이다. 이 여덟 가지로써 그대들은 마음의 평화를 얻고 나아가 해탈에 이를 수 있느니라."

계속해서 붓다는 말했다.

"팔정도를 하기 위해선 네 가지 진리를 알아야 한다. 네 가지 진리, 이를 사성제라 한다. 첫째는 생로병사의 고통의 진리 곧 고성제, 둘째 그 고통의 원인에 대한 진리, 곧 집성제, 셋째 그 고통의 소멸에 대한 진리 곧 멸성제, 넷째 괴로움을 소멸시키는 길에 대한 진리 곧 도성제이다. 세간 사람들은 모두 고통에 빠져 있으며, 이 고통의 원인은 탐욕과 집착이다. 그러므로 탐욕과 집착을 버리기 위해서는 여덟 가지 성스러운 길을 걸어가야 한다. 그러면 해탈을 얻을 수 있으리라."

이 말을 듣고 얼마 뒤 다섯 수행자는 모두 붓다의 법에 귀의했다.

그 후 붓다가 바라나시 성으로 걸식을 하러 갈 때였다. 이 성에는 거부가 살고 있었는데 그에게는 야사라는 총명한 아들이 있었다.

야사가 말을 타고 뛰어 놀다가 우연히 붓다와 마주쳤다. 야사는 붓다의 단정한 걸음을 보고 생각했다.

'아, 저건 뭔가? 마치 별들이 떠 있는 것 같잖아.'

야사는 알 수 없는 힘에 이끌려 붓다 앞에 나아가 엎드려 절했다. 그리고 물러났다.

그 길로 야사는 말을 달려 경치 좋은 곳으로 갔다. 그러다가 여자의 시체를 보게 되었다. 그 시체는 퉁퉁 부어올랐고, 구데기들이 바글거리고 있었으며, 쉬파리들이 날아다니고 있었다. 야사는 그것을 보고 생각에 잠겼다.

'아, 나의 젊음과 이 즐거움도 죽으면 저렇게 될 게 아닌가? 한낱 썩어가는 고깃덩어리가 될 뿐이다. 나의 젊음은 언제까지 지속될 것인가?'

그는 뼈저리게 죽음의 고통을 느꼈다. 그리고 결심했다.

'이 젊음의 낙에 더 이상 빠지지 않으리라. 나에게 찾아올 죽음의 고통을 넘어서는 법을 찾으리.'

그날 야사는 자신의 궁으로 돌아왔다 잠시 잠이 들었다. 깨어난 야사는 옆에 잠들어 있는 미희들을 바라보았다. 그 모습은 다 시체와 같았다. 이제 얼마 뒤 악취를 풍기며 썩을 고깃덩어리로 보였다. 그는 참을 수 없어 밖으로 나와 바라나 강에 이르렀다.

'아, 얼마 전까지만 해도 아름답고 즐거웠던 것들이 이제 추악하게 보이는구나. 삶이 두렵고 불안하구나.'

이 모습을 강 건너에 있던 붓다가 보았다. 붓다는 온몸에 광명을 놓고 금빛 팔을 들어 야사를 불렀다.

"어서 오너라, 이곳은 두려움과 고통이 없는 곳이다."

야사는 그 모습을 보고 옷과 신발을 다 버리고 강을 건넜다. 야사는 붓다에게 다가서자마자 가슴 속에서 환희심이 솟구쳐옴을 느꼈다. 야사는 붓다의 발에 입맞추고 나서 옆에 섰다. 붓다는 그에게 지혜의 법을 설했다. 야사는 그 자리에서 번뇌를 몰아내고 청정한 지혜의 눈이 열렸다. 그는 붓다의 법을 따라 출가하기로 결정했다.

"붓다님은 언제까지 전도의 길을 걸어가셨나요?"

"내가 80세에 열반했으니까, 그 동안 계속 전도의 길을 걸었다고 할 수 있지."

"그러셨군요."

붓다와 나는 계속해서 걸어 나갔다. 그러고보니, 붓다는 조금도 지친 기색을 보이지 않았다. 걷기에 단련된 몸인 듯했다. 평생을 전도하러 전 인도를 걸어 다녔으니 그러고도 남을 일이었다. 붓다는 호흡을 잘 조절하며 걸었다.

나는 오늘 걷는 도중 여러 차례 숨이 가빴다. 평소보다 빨리 걷다보니 그랬다. 붓다와 걸음 보조를 맞추다보니 그렇게 된 것이다. 붓다는 노인이라고 하기에는 걸음걸이가 너무나 날렵했다.

붓다는 일부러 걸음을 재촉하는 것이 아니라 원래의 속도가 그러한 듯했다. 술에 찌든 내 걸음이 점점 처지고 있을 게 분명했다.

붓다가 선생님의 자애로운 표정을 지으며 말했다.

"자, 『반야심경』으로 들어가세나. 자네에게 피가 되고 살이 되고 영혼의 양식이 되는 경전의 말씀."

나는 얌전하고도 착실한 학생의 눈빛을 보냈다.

"네, 기대됩니다. 붓다님."

"이번은 '三世諸佛(삼세제불) 依般若波羅蜜多故(의반야바라밀다고) 得阿耨多羅三藐三菩提(득아뇩다라삼먁삼보리)'일세. 이 말은 '삼세제불도 반야바라밀다에 의지한 고로 아뇩다라삼먁삼보리를 얻었느니라'는 의미일세."

『반야심경』 카드를 바라보았다.

“ ‘三世諸佛(삼세제불)’이 뭐냐? 과거와 현재와 미래의 모든 부처님을 말하네. 부연하면 시간적으로 과거, 현재, 미래의 삼세에 걸쳐 있고, 공간적으로 동서남북과 동남, 남서, 서북, 북동, 상, 하의 시방(十方)에 항상 있는 모든 부처님을 말하네.”

“붓다님이 한 명이 아니란 말씀이시죠?”

“그렇다네. 내가 깨달음을 얻어 부처가 되기 전에도 수많은 부처가 있었네. 그와 마찬가지로 앞으로도 또 많은 부처가 나올 걸세. 과거의 부처를 알아보세나. 과거의 부처는 제1화광 여래불에서부터 제1,000번째 비사부 여래불이 있었다네. 현재의 부처는 어떨까? 제1구류손 여래불과 제2구나함모니 여래불, 제3가섭 여래불, 제4석가모니 여래불, 제5미륵 여래불, 제6사자 여래불 등을 비롯해 제1,000번째 누지 여래불이 있다네. 미래의 부처는 제1광 여래불에서 제1,000번째 수미상 여래불이 나타날 걸세.”

“와, 부처님이 엄청나게 많습니다. 다하면 3,000명이네요. 그리고 붓다님, 내 곁에 계신 붓다님은 이 세계에서 네 번째 붓다님이란 말씀이시죠?”

“그렇다네, 나는 네 번째 붓다일세. 앞으로 또 붓다가 오기로 되어 있네.”

"그게 바로 사람들이 미륵불, 미륵불 하는 거로군요."

"맞네. 그 이후로도 부처님은 더 많이 찾아온다네."

내가 고개를 끄덕였다.

"'依般若波羅蜜多故(의반야바라밀다고)'는 쉽지 않나?"

"네, 분석하면 이렇습니다. 依+般若波羅蜜多+故 즉, '반야바라밀다에 의지한 고로'입니다."

"그래 맞네. 삼세의 부처가 의지하는 게 바로 '반야바라밀'일세. '반야바라밀'이 얼마나 중요한지 알겠지. 이것을 잘 의지하면 자네도 부처가 될 수 있단 말일세."

"반야바라밀 수행을 하기는 너무 힘들고 어려울 듯합니다. 전 포기하겠습니다."

"가만, 한가지 들려줄 이야기가 있네. 반야바라밀이 얼마나 중요한지 알려주도록 하지."

붓다가 들려준 이야기는 『대품반야경』에 다음처럼 전한다.

반야바라밀은 모든 부처님의 어머니이시다. 반야바라밀은 능히 세간의 모습을 보여준다. 이러한 까닭에 부처님은 이 법에 의지하여 행하고, 이 법을 공양, 공경, 존중, 찬탄하신다.

무엇을 이 법이라고 하는가? 소위, 반야바라밀이다.

모든 부처님은 반야바라밀에 의지하여 머물고, 이 반야바라밀을 공양, 공경,

존중, 찬탄하신다. 왜냐하면 이 반야바라밀은 모든 부처님을 출생시키기 때문이다.

"한마디로 반야바라밀은 가톨릭의 성모(聖母)와 같은 의미를 지니고 있네요."

"그래, 반야바라밀은 인격화된 어머니나 마찬가지야. 그 점 잘 기억해 두게나."

"네, 알았습니다."

"다음으로 '得阿縟多羅三藐三菩提(득아뇩다라삼먁삼보리)' 이것은 말 그대로, 아뇩다라삼먁삼보리를 얻었다는 말일세. 阿縟多羅三藐三菩提(아뇩다라삼먁삼보리)는 무슨 의미일까? 이것은 앞서 말한 '究竟涅槃(구경열반)' 즉 열반과 같은 의미일세."

"그렇군요. 결국 반야바라밀에 의지하면 열반에 들 수 있다는 말이네요."

"그렇다네. 이처럼 반야바라밀은 중요하지. 반야바라밀은 아까 커피숍에서 자세히 설명하지 못해 카드로 대신한 것으로 아는데."

"그렇게 중요한 거라면 이제라도 잘 알아두겠습니다. 설령 제가 그것을 못 지키더라도 기억은 해두어야겠어요. 붓다님."

"카드를 보면서 내 이야기를 듣게나. 육바라밀 카드를 꺼내 보게."

나는 손에서 그 카드를 찾아서 맨 앞에 놓았다.

육바라밀(六波羅蜜)

1. 보시바라밀 : 베푸는 수행

2. 지계바라밀 : 계율을 지키는 수행

3. 인욕바라밀 : 참는 수행

4. 정진바라밀 : 근면하게 부지런히 닦아 나가는 수행

5. 선정바라밀 : 마음을 고요히 가라앉히는 수행

6. 반야바라밀 : 완전한 지혜로 모든 실상을 깨달아 보는 수행

"첫 번째 '보시바라밀', 보시(布施) 곧 베풀라는 말일세. 이게 맨 앞에 있다는 것은 그만큼 중요하다는 거야. 많은 사람들이 베풂의 중요성을 알고 있네. 특히 종교계에서 베풂을 강조하지. 나는 베풂을 두 가지로 나누어 보네. 무주상보시(無住相布施)와 유주상보시(有住相布施). 무주상보시는 내가 베풀었다는 상이 없는 보시를 말하고, 유주상보시는 내가 베풀었다는 상이 있는 보시를 말한다네. 이 세상의 많은 사람들이 베풂을 실천하고 있지만 대부분 후자의 보시인 듯해. 내가 바라는 베풂은 무주상보시일세."

"좋은 말씀이십니다. 요즘은 베풂도 마케팅의 일환이 되어가고 있어요. 기업인이나 정치인들이 특히 그렇지요. 베풂을 광고 홍보하여 자기 회사를 알리거나, 자기 정당이나 자신의 이미지 쇄신으로 사용하는 일이 비일비재

합니다. 꼭 기업인이나 정치인이 아니더라도 그렇습니다. 보통 사람들도 자신이 남에게 베푼 것을 일종의 경력으로 인정받길 원하는 게 현실입니다.”

“그래선 안되네. 베풂을 준 나, 베풂을 받은 타인, 베풂의 물건 이 세 가지 모두를 잊어 버려야 진정한 보시가 되는 걸세.”

“그러긴 힘들 듯합니다.”

그러자 붓다가 입을 열었다.

“두 번째 지계바라밀을 보세나. 이것은 계율을 지키라는 말일세. 그렇다면 어떤 계율이 있는지 알려주도록 하겠네. 수행자가 반드시 금기시해야 할 것은 열 가지로 요약되네. 첫 번째는 산 목숨을 죽이는 일이네. 두 번째는 다른 사람이 주지 않은 물건을 취하는 것이네. 도둑질을 말하지. 세 번째는 청정치 못한 남녀관계를 갖는 것이네. 네 번째는 거짓말을 하는 걸세. 다섯 번째는 이간질하는 것이고, 여섯 번째는 거친 말을 하는 걸세. 일곱 번째는 꾸미는 말을 하는 것이고, 여덟 번째는 탐욕스러운 마음을 내는 것이지. 아홉 번째는 화를 내는 것이고 열 번째는 어리석은 것을 말하네. 이 열 가지를 하는자는 반드시 경계하고 금해야 하네.”

“질문이 있습니다. 세 번째 청정치 못한 남녀관계를 금하도록 하셨는데 만약 이를 지키지 못하면 어떤 결과가 찾아옵니까?”

나는 마치 다른 사람에게 해당되는 일인양 태연히 질문했다.

“인과응보야, 다시 태어날 경우 자신의 남편이나 부인이 외도를 하는 일이 생긴다네.”

그 말을 듣는 순간 더욱 나는 표정에 신경썼다. 저절로 입술 근육이 경직이 되었다.

"세 번째 인욕바라밀은 참으라는 걸세. 참으라는 말은 화, 울분, 질투를 참으란 말이 아니네. 화, 울분, 질투를 놓아 버리라는 말일세. 이 세상의 실상은 연기(緣起)이며 우리 자신은 실체가 없는 공이 아닌가? 따라서 화, 울분, 질투 이런 건 실체가 없는 거야. 꿈속에서 화를 내고, 울분을 토하고, 질투를 하는 것과 매한가지야."

"그렇군요. 단지 참는 게 아니라 참을 대상을 잊어 버리라는 말씀이시군요."

"그래."

다시 붓다가 말을 이었다.

"네 번째 정진바라밀은 근면하게 부지런히 닦는 수행을 말하네. 무슨 일에서든 그렇지. 한번 마음 먹었으면 될 때까지 우직하게 밀고 나가야 하네. 대부분 실패자로 낙인찍히는 사람은 그 원인을 외부로 돌린다네. 허나, 실상 그 원인은 자신에게 있다네. 꿈을 이루는 사람은 남들이 다 절망이라고 보는 상황에서도 계속해서 밀고 나가는 사람이라네. 이러한 자세를 가지고 수행을 해야 하네."

"네, 잘 알겠습니다."

"다섯 번째 선정바라밀은 마음을 고요히 가라앉히는 수행이지."

"그게 참선 아닙니까?"

"그래. 그것도 포함되지. 선정에 든다고 할 때 정좌 수행, 참선만 말하는 게 아니야. 일상생활 가운데에서도 특별한 형식에 구애받지 않은 채로 마음을 고요히 가라앉히는 수행 모두가 선정이라 할 수 있어. 중요한 건 세상에 대한 집착과 분별심을 버리는 거야. 그럴수록 마음이 고요해지지."

나는 고개를 끄덕였다. 그 점에 대해선 상당 부분 붓다와 의견일치를 보았다. 나 역시 여러 가지 명상, 기공, 참선을 해오면서 그러한 결론에 이르렀다.

명상의 용어로 말하면 동적 명상, 정적 명상이 있다는 말과 통한다. 가만히 좌정해서도 명상상태에 이르지만, 춤추면서도 명상상태에 도달할 수 있기 때문이다. 나아가 일상 생활 속에도 그렇다. 지하철에서, 책상에 앉아서, 커피숍에서 누군가를 기다리며, 잔잔한 음악을 들으며 언제 어디서나 쉽게 접근가능한 게 바로 명상이다.

이처럼 붓다가 말하는 선정 또한 일상 생활 속에 자유롭게 구할 수 있는 것이다.

"마지막 반야바라밀은 완전한 지혜로 모든 실상을 깨달아 보는 수행일세. 앞에서 반야바라밀은 '지혜'라고 얘기한 것 잘 기억하고 있지? 여기서 말하는 지혜란 결국 이 세상의 본질은 연기(緣起)이며 이 세상은 공(空)이라는 걸세."

The Great Day
With
Buddha

Part 9

진실하고 신기한 주문

故知般若波羅蜜多 是大神呪 是大明呪 是無上呪 是無等等呪 能除一切
고지반야바라밀다 시대신주 시대명주 시무상주 시무등등주 능제일체
苦 眞實不虛
고 진실불허

그러므로 반야바라밀다는 크고 신기로운 주문이고 가장 밝은 주문이고 위없
는 주문이며 동등함이 없는 주문이니 일체의 고액을 없애 주고 진실하여 허망
하지 않느니라

故說 般若波羅蜜多呪 即說呪曰 揭諦揭諦 波羅揭諦 波羅僧揭諦 苦提娑
고설 반야바라밀다주 즉설주왈 아제아제 바라아제 바라승아제 모지사
婆訶(3번)
바하

이에 반야바라밀다주를 말하리라. 아제아제 바라아제 바라승아제 모지사바
하 아제아제 바라아제 바라승아제 모지사바하 아제아제 바라아제 바라승아
제 모지사바하

붓다와 나는 주차장을 지나 홍대 앞 놀이터로 왔다. 날은 어두워졌고 가로등으로 환한 놀이터에는 개성적인 외모와 옷차림을 한 젊은이들이 있었다. 홀라당 밀어 버린 옆머리, 무릎까지 내려온 바짓가랑이, 반투명 스커트와 한 세트인 검정 스타킹, 얼굴의 반을 가린 선글라스, 손바닥만한 핫팬츠. 이곳은 별천지였다.

이곳은 스쳐 지나긴 하지만 거의 들른 적이 없었다. 이곳은 마치 10, 20대만의 아지트처럼 느껴졌었다.

한쪽에선 소규모 공연이 벌어졌다. 그곳에서 20여 명의 젊은이들이 몸을 흔들고 있었다. 붓다와 난 그곳과 거리를 두고 벤치에 앉았다.

“붓다님, 요란한 곳 싫지 않으십니까? 어쩌다가 발걸음이 이리로 향하게 됐습니다.”

“내 취향보다는 자네 취향이 중요하지. 오늘은 자네의 날이잖나?”

“하하, 그렇습니까? 감사합니다. 전 사실 대부분의 시간을 적요하게 보냅니다. 그렇다고 일상의 전부를 조용하게 보내는 것은 아닙니다. 가끔 시간 나는 대로 이런 곳에서 기분을 전환하는 편입니다.”

“그래, 나도 자네가 그렇다는 걸 알고 있었네.”

붓다가 주위를 둘러보고 나서 입을 열었다.

“사실, 젊은이들이 떠들고 춤추고 노래하는 모습을 편협하게 볼 이유는 없네. 그것은 자칫 젊음, 청춘에 대한 모독이 될 수 있어. 저 젊은이들도 1년 내내 매일같이 저러겠나. 특별한 날이 있는 거겠지. 그날은 그래서 의미가 있어.”

“붓다님의 이제까지의 말씀으로 볼 때는 젊은이들이 지금 ‘색’에 흠뻑 빠진 게 아닐까요?”

“글쎄 그게 젊은이들을 오해하는 측면이 있다는 거야. 예를 들어 보겠네. 수행자라고 해서 반드시 깊은 산중의 사찰이나 토굴 속에서 수행하란 법이 있겠나? 그건 편협한 사고이네. 내가 고행을 중지한 이유가 뭔가? 고행은 고행 자체의 형식에 빠진 채 수행의 본질을 망각했기 때문일세. 이와 마찬가지로, 수행 장소와 형식은 부차적인 거야. 그래서 시장 바닥에서도 청정한 수행정진을 할 수 있는 거지.”

“그렇군요.”

“문제는 전적으로 저러한 유흥에 빠지는 거야. 저런 가운데에서도 세상과 나 자신의 본질이 본래 공이라는 걸 놓치지 말아야 하지. 그게 문제야. 그리고 젊음은 한때이므로, 저렇게 요란하게 노는 것에 대한 여유로운 시각이 필요해. 저러다가 때가 되면 건전한 생각을 가진 사회의 구성원이 되겠지.”

나는 생각했다.

‘그래, 붓다님도 원래 호화로운 왕실에서 아름다운 미희들에 둘러싸여 지냈었지. 그러다가 이내 깨달음의 때가 찾아왔지.’

내가 말했다.

“저는 사실 아직 제대로 된 수행자가 아닙니다. 그래서인지, 저렇게 웃고 떠들고 춤추고 노래하는 모습을 보면 덩달아 홍분되곤 합니다. 벌써 제 나이 40대 초반이긴 하지만요.”

붓다가 입을 열었다.

“전에 말했지. 내가 생로병사의 고통에 대한 지혜를 얻겠다고 결심하고 나서 말이야. 내 주변에 누워 있던 미희들이 썩은 내로 진동하는 시체더미로 보였다고 말이야. 지금, 자네 눈에는 저 젊은이들의 모습이 자네를 홍분시키겠지만 나에겐 전혀 그렇지 않아. 모든 게 공으로 보인다네.”

“역시, 붓다님은 붓다님이시네요.”

“나는 현재의 자네 상태를 긍정하네. 자네에게도 때가 올 걸세. 내가 쉽사리 해탈을 얻을 수 없었던 것처럼 자네에게도 짧은 시간 내에 때가 오진 않아. 언젠가 오겠지. 그건 저 젊은이들도 마찬가지야. 저 젊은이들이 감각의 쾌락을 유도하지만, 난 저 젊은이 한 명 한 명을 긍정한다네. 그들에게도 깨달음의 기회가 있는 거니까 말일세."

"그러시군요. 오히려 젊은이들의 발산을 절대시하고 그것을 부정하는 게 잘못이네요."

"그래, 젊음은 그 자체로 완성이 아니라 완성을 향한 엄청난 에너지일세. 모든 가능성을 담고 있는 용광로인 셈이지. 이들에게선 미래가 희망적이라네. 나도 왕궁에서 웃고 떠들던 때가 있었지. 짧은 한때였지만."

귀속으로 따가운 음악소리가 들려왔다. 그와 함께 커다란 함성이 들려왔다. 점차 주의가 분산되는 것 같았다. 그러나 붓다는 아무런 반응이 없었다. 오색찬란한 네온사인과 요란한 전자음악이 전혀 방해되지 않는 듯했다. 붓다는 마치 조용한 개울가 옆에 있기라도 한 듯 아주 고요한 자세였다.

나는 생각했다.

'그래, 마음이 중요하지. 주위의 모든 감각적인 자극들을 온전히 공으로 꿰뚫어 보기만 한다면 내 마음은 호수처럼 잔잔해지겠지.'

그러고보니, 붓다와의 하루도 어느새 많은 시간이 흘렀다. 스타벅스에서 시작된 붓다와의 하루가 이젠 저물어 가고 있다. 이 놀이터 다음으로 이어질 행선지가 선뜻 떠오르지 않았다. 붓다가 따로 마련한 장소가 있으면 몰라도.

어쩌면 이곳이 마지막 장소가 될지 모른다는 예감이 일기 시작했다. 그러자 궁금해지는 게 있었다.

'이제까지 붓다님의 이야기를 많이 들었어. 생로병사의 고통에 대한 자각, 출가, 해탈, 전도. 그런데 붓다님의 최후는 어떠했을까? 붓다님은 해탈과 달리 생을 놓아 버리는 순간을 어떻게 맞이했을까?'

갑자기 붓다님의 머리 뒤에 원광이 나타났다. 뚜렷한 광채가 발산됐다. 눈이 부실 정도였다. 붓다는 나를 보고는 희미한 웃음을 지었다.

부처님은 아난다와 함께 벨루바 촌에 머물렀다. 이곳에서 안거 중이던 부처님이 병에 걸렸다. 참을 수 없는 통증이 동반됐다.

'점점 병세가 악화되는구나. 내 제자들이 모두 흩어져 있는 이때에 열반에 들면 옳지 않다. 삼매의 힘으로 병을 이기고 생명을 이어가자. 제자들이 다 모인 가운데서 열반에 들리라.'

부처님은 아난다에게 수행자들을 모이게 했다. 부처님이 수행자들이 모인 곳으로 나아가 말씀하셨다.

"수행자들이여, 잘 들으라. 나는 수행정진하여 해탈에 이르렀다. 그대들 또한 쉼 없이 수행정진하며 서로에게 등불이 되어라. 나는 3개월 후에 열반에 들 것이다."

수행자들은 그 말씀을 듣고 슬피 울었다.

'아아, 어찌하여 부처님께서 열반에 드신단 말씀입니까? 이제 우린 무엇

에 의지해 앞으로 나아가오리까?'

부처님이 수행자들에게 말씀하셨다.

"아난다야, 자신을 등불로 삼고, 귀의처로 삼아라. 법을 등불로 삼고, 귀의처로 삼아라. 자신 말고 다른 누구에게도 귀의하지 마라."

계속해서 말씀하셨다.

"수행자에는 네 가지가 있다. 첫째 도를 중생 속에 실천하는 수행자, 둘째 도를 말하는 수행자, 셋째 도를 의지해 생활하는 수행자, 넷째 도를 더럽히는 수행자니라. 첫째와 둘째, 셋째 수행자는 섞여 나타날 수 도 있으며, 각기 따로 나타날 수도 있다. 이 세 가지는 마땅히 그대들이 흠모하고 몸소 실천해야 할 바이니라. 네 번째 수행자는 여래의 말씀을 공경하지 않고 오로지 문벌만 숭상하고 즐거워하는 바만을 추구하는 자이다. 그대들이 마땅히 경계해야 하리라.

해충을 제거하지 않으면 곡식의 싹을 해치듯이 제자가 올바르지 못하면 나의 법은 무너지고 말리라. 그러니 그대들은 서로 따끔히 지적하고 시정하면서 수행정진하도록 하라."

부처님께서 파바 성에 들렀을 때였다. 대장장이의 아들 춘다가 부처님 소식을 듣고 찾아뵈었다. 춘다는 부처님의 말씀을 듣고 가슴 속에 환희심이 생겨났다. 춘다가 부처님에게 아뢰었다.

"세존이시여, 저희 집에서 오셔서 공양을 받으소서."

부처님은 그의 요청을 허락하셨다. 이튿날 부처님은 여러 수행자와 함께 춘다의 집을 방문했다. 춘다는 밤새 준비한 음식을 내놓았다. 춘다는 부처님 께만 특별히 귀한 전단나무버섯으로 만든 음식을 드렸다.

그 음식을 받은 부처님이 말씀하셨다.

"이 음식은 다른 수행자에게는 주지 말라."

춘다의 공양이 끝나자 부처님은 쿠시나가라 성으로 향했다. 그 길을 떠났 을 때였다. 부처님이 아난다에게 말씀하셨다.

"아난다야, 몹시 배가 아프구나. 더 나아갈 수 없으니 여기서 쉬도록 하 자."

부처님은 춘다의 공양을 받고 병세가 더 심해졌다. 부처님이 말씀하셨다.

"좀 전에 지나쳐온 시냇물에 가서 물을 떠오라."

그러자 아난다가 말했다.

"거긴 방금 수백 대의 수레가 지나가 물이 온통 흐려졌습니다. 절대 마실 수 없습니다."

부처님이 거듭 세 번 말씀하셨다.

"가서, 마실 물을 떠 오라."

"가서, 마실 물을 떠 오라."

"가서, 마실 물을 떠 오라."

하는 수 없이 아난다는 시냇물로 나갔다. 그가 시냇물을 바라본 순간 깜 짝 놀랐다.

'좀 전까지 흙탕물이었는데 지금은 아주 깨끗한 물이 흐르네.'

여래의 신통력에 감탄한 아난다는 물을 떠서 가지고 왔다. 부처님은 그 물을 마셨다.

나중에 춘다의 공양이 잘못된 것이 사람들에게 알려졌다. 하지만 부처님은 춘다를 나무라지 않았다. 부처님은 자신의 잘못을 뉘우치는 춘다에게 말씀하셨다.

"그대의 공양은 참으로 훌륭하니라. 내가 해탈을 할 때 받은 공양과 마찬가지로 이제 곧 여래가 열반에 들 때 받은 공양은 그 어떤 공양보다도 높은 공덕이 있다. 그대에게 커다란 과보가 있을 것이니라."

부처님은 길을 떠나 시어 쿠시나가라 성의 사라나무 숲에 이르렀다. 부처님은 사라나무 두 그루가 있는 곳에 누우셨다. 그러자 사라나무 두 그루가 일제히 꽃을 피웠다. 꽃잎이 떨어져 부처님 몸 위를 덮었다.

부처님이 비구들에게 말씀하셨다.

"저 나무가 때가 아닌데 꽃을 피워 나에게 공양을 하는구나. 아난다야, 너는 알아야 한다. 진정한 공양은 꽃을 피우고 풍악을 울리는 게 아니다. 진정한 공양은 부처 여래의 법과 계율을 잘 받들어 그 뜻을 생각하고 올바로 실천하는 것이니라. 내가 세상을 떠난 뒤에도 그대들은 다음의 네 가지 공양에 힘쓰라. 첫째 굶주린 중생에게 음식을 주어 목숨을 잇게 하는 공양, 둘째 병든 중생들을 보살펴 주는 공양, 셋째 가난하고 고독한 자를 보호해 주는 공양, 넷째 바르게 수행하는 자에게 옷과 밥을 주는 공양이니라. 이 네 가지 공양은 곧 부처님에게 공양하는 것과 매한가지니라."

그날 부처님은 마지막 제자 수밧다 브라만을 받아들였다. 아픈 몸으로 그에게 팔정도를 설법하셨다.

그날 밤이 되어 부처님이 아난다에게 말씀하셨다.

"내가 세상을 떠난다고 슬퍼하거나 걱정하지 말라. 내가 없어도 내가 말한 경(經)과 계율이 그대들을 잘 지킬 것이다."

그리고 나서 부처님은 1,200명의 제자들에게 말씀하셨다.

"비구들아, 내가 열반을 한 뒤에도 계율을 존중하라. 계율은 어둠 속의 빛이요, 가뭄 속의 빗줄기이니라. 계율은 곧 여래와 다름 없다. 계율은 해탈의 근본이다. 청정하게 계율을 지켜나가면 모든 괴로움에서 벗어날 수 있다."

그리고 나서 부처님은 마지막 말씀을 하셨다.

"모든 것은 변한다. 방일하지 말고 부지런히 정진하라."

서서히 붓다의 원광이 사그라들었다. 붓다는 내 의중을 알아보고, 이심전심으로 자신의 열반 이야기를 들려주었던 것이다.

붓다에게 말했다.

"붓다님이 춘다의 공양을 받으신 대목은 독배를 받은 소크라테스를 떠올리게 합니다. 붓다님은 춘다가 올린 음식이 상한 것을 아셨는데도 드셨네요."

붓다가 입을 열었다.

"난 춘다의 공양하는 마음을 받아들인 거라네."

난 그 말을 듣고 생각했다.

'위대한 각자(覺者)는 그 깨달음의 깊이가 너무나 깊어 자신의 생명을 위협하는 것도 거리낌없이 받아들일 수 있구나. 소크라테스가 그렇고, 붓다가 그렇고, 예수가 그렇지. 예수는 전 인류의 구원을 바라며 몸소 십자가에 박히셨지. 보통 사람에게는 그 희생이 엄청난 고통으로 다가오지. 깨달은 자에게는 어떻게 다가올까?'

붓다가 내 옆얼굴을 보며 말을 이었다.

"자네는 근거를 좋아하니 부연설명해 주겠네. 만약 자네가 어여쁜 손녀를 두었다고 하세나. 그 손녀가 할아버지를 너무나 사랑하여 손수 만든 만두를 드렸다고 하세. 그런데 만두의 맛이 좋지 않았다네. 자네는 손녀가 보는 앞에서 어떻게 하겠나? 자네는 손녀의 마음 때문에 그 어떤 만두보다도 더 맛있는 만두를 먹지 않겠나?"

내가 입을 열었다.

"붓다님의 중생에 대한 자비심은 참으로 어마어마하셔서 자신의 생명을 위협하는 공양도 받아들이셨단 말씀이시군요."

붓다가 고개를 끄덕였다.

"참, 개인적으로 관심이 있는 게 있어서 묻고 싶은 게 있습니다. 좀 전에 흙탕물을 깨끗한 물로 바꾸셨다는 이야기요. 전에 했던 이야기에서는 갠지스 강 허공 위를 건넜다는 말씀도 하셨죠. 이게 바로 신통력인가요?"

"그렇지."

“좀 더 해주실 말씀이 없으신가요?”

“자네도 어느 정도 알고 있던데. 6가지 신통력에 대해서 말일세. 눈에 보이는 그런 것은 사실 아무것도 아닐세. 나 붓다 말고도 당대에 그런 정도의 신통력을 부리던 수행자는 많았네. 자네가 사는 현 시대에도 그만한 정도의 신통력을 할 수 있는 수행자가 적지 않을 걸세. 눈에 보이지 않는 현상과 질서에 대한 굳건한 믿음이 있어야 하네. 점점 이 세상은 눈에 보이는 것 외에는 이단시하는 경향이 있어. 생각해 보게. 왜 내가 요즘 시대에 나오지 않고 과학, 철학, 의학, 문학 등 여러 면에서 한참 뒤떨어진 고대에 출현했겠는가? 요즘 시대의 논리로 본다면 지금, 그리고 앞으로 나와 같은 각자(覺者)가 나와야 하겠지. 그 생각이 잘못이네. 깨달음은 과학, 철학, 의학, 문학을 더 넘어서는 것일세. 그런데 현 시대는 그걸 인정하려 하지 않지.”

“……”

“자네는 꾸준히 명상을 해오고 있으니 언젠가 말로 설명할 수 없는 체험을 하게 될 거라 보네. 그 가운데에 신통력이 포함되는 걸세.”

붓다가 허리를 꼿꼿이 폈다. 그리곤 말했다.

“신통력, 진기한 것, 눈을 현혹하는 것에 치우치면 못 쓰네. 하지만 그것을 부정하는 것 또한 잘못이지. 이제부터 신통력과 연관된 『반야심경』을 살펴 보도록 하세나.”

“아, 『반야심경』도 신통력과 연관이 되나요?”

“물론이지.”

“이제 남은 구절을 마저 다 하기로 하세나. 먼저 볼게 음, ‘故知般若波羅蜜多(고지반야바라밀다) 是大神呪(시대신주) 是大明呪(시대명주) 是無上呪(시무상주) 是無等等呪(시무등등주) 能除一切苦(능제일체고) 眞實不虛(진실불허)’ 일세. 이 뜻은 ‘그러므로 반야바라밀다는 크고 신기로운 주문이고 가장 밝은 주문이고 위없는 주문이며 동등함이 없는 주문이니 일체의 고액을 없애 주고 진실하여 허망하지 않느니라’ 이네.”

나는 카드에 시선을 고정했다.

故知般若波羅蜜多　是大神呪　是大明呪　是無上呪　是無等等呪　能除一切
고지반야바라밀다　시대신주　시대명주　시무상주　시무등등주　능제일체
苦 眞實不虛
고 진실불허

그러므로 반야바라밀다는 크고 신기로운 주문이고 가장 밝은 주문이고 위없는 주문이며 동등함이 없는 주문이니 일체의 고액을 없애 주고 진실하여 허망하지 않느니라

“‘반야바라밀’이라는 말 자체가 신기롭게 가장 밝은 주문 중의 최고의 주문이라는 말이야. 이것이 모든 고통을 없애 준다는 거야. 그래서 진실하고 허망하지 않지. 자네 ‘주(呪)’가 무언지는 잘 알지 않나?”

"네, 잘 알지요. 주문(呪文) 아닌가요?"

"그래. 이게 바로 자네가 관심 있어 하는 신통력과 통한다네. 그럼 '주(呪)'에 대해 알아보세나. 주(呪)는 산스크리트어의 '만트라(mantra, 진언(眞言))', 혹은 '다라니(dharani)', '비디야(vidya)'의 번역어로 보네. 『천수경』을 예로 들어 보겠네. 맨 앞에 나오는 '수리 수리 마하수리 수수리 사바하'나 '옴'처럼 짧은 것은 '진언'이고, '나모라다나다라 야야 나막알야 바로기제……'로 이어지는 긴 것은 '다라니'라 하네. 바로 이러한 주문 수행을 하면 좋은 일을 불러들이고 나쁜 일을 물리칠 수 있네."

"그렇군요."

"주문 중의 주문인 '반야바라밀'에 대해선 『대품반야경』에 잘 설명이 되어 있네."

선남자 선여인이 이 깊은 반야바라밀을 듣고서 받아지니며, 가까이 하여 독송하고, 바르게 사유하여 일체지의 마음을 여의지 않으면, 독약 냄새를 맡게 해도, 혹은 사악한 요술을 사용해도, 혹은 불구덩이에 떨어뜨려도, 혹은 깊은 물 속에 빠뜨려도, 혹은 칼로 죽이려고 해도, 혹은 독약을 먹여도 이와 같은 온갖 나쁜 것들이 다치게 할 수 없다.

왜냐하면, 이 반야바라밀은 큰 밝은 주문이며, 위 없이 밝은 주문이기 때문이다.

"붓다님, '옴'에 대해 좀 더 설명해 주세요. 일본에서 '옴 진리교'라는 단체가 말썽이 많았습니다."

"그건 나도 아네만, '옴' 자체가 문제가 있는 게 아닐세. '옴'을 오용해서 생긴 문제야. '옴'은 우주의 모든 진동, 파장을 응축한 기본 음이네. '신성하다'는 뜻을 가지고 있어. 옴은 '아(A)'와 '우(U)'와 '움(M)' 세 글자가 합쳐진 말이네. 이것은 들이마시는 숨, 멈추는 숨, 내쉬는 숨과 관련을 맺고 있다네. '옴' 자에는 귀명, 공양, 삼신, 깨달음, 섭복 등 다섯 가지의 뜻이 있다네. 참, 자네 '옴 마니 반메 훔'이라는 진언 들어 보지 않았나?"

"네, 들어 보았습니다."

"'옴 마니 반메 훔'이 옴자로 시작된 진언 중에 대표적인 거라네. 이 뜻은 '오, 연화상의 마니주여!' 라는 것이지. 한마디로 연화수보살에 귀의하여 극락왕생을 기원하는 주문인 걸세. 이 주문이 나온 김에 '훔(Hum)'도 알아보세나. '훔' 또한 진언이네. 이것은 산스크리트어를 그대로 음사한 것이지. 오훔, 호훔, 오함, 후 등 여러 가지로 쓰이고 있다네. '훔'은 더러움을 벗어난 청정한 진리의 세계, 곧 번뇌망상이 사라진 상태를 뜻하네."

거기서 붓다의 말이 그쳤다.

"잘 들었습니다. 주문의 의미를 잘 알게 되었습니다. 주문으로 초현실적인 현상을 불러일으킬 수 있단 말씀이시군요."

"그렇다마다. 그 주문의 힘을 오용해선 안되네. 궁극적으로 일체의 괴로움에서 벗어나 해탈에 나아가야 하네."

나는 속으로 아주 작게나마 소리냈다.

'오오옴……'

그리고 생각했다.

'제발, 현재 내게 달라붙은 악마, 마귀, 사탄, 잡귀를 싹 물리쳐 주세요. 제발, 강단에서 계속 강의를 하면서 교수의 길을 나아갈 수 있게 해주세요.'

그 짧은 순간을 붓다가 끊어 놓았다.

"이제 마저 하세나."

붓다의 말에 나는 옴찔하면서 제 정신으로 돌아왔다.

"이번 것은 '故說(고설) 般若波羅蜜多呪(반야바라밀다주) 卽說呪曰(즉설주왈) 揭諦揭諦(아제아제) 波羅揭諦(바라아제) 波羅僧揭諦(바라승아제) 苦提娑婆詞(모지사바하) 3번' 이것은 '이에 반야바라밀다주를 말하리라. 아제아제 바라아제 바라승아제 모지사바하 아제아제 바라아제 바라승아제 모지사바하 아제아제 바라아제 바라승아제 모지사바하' 일세."

나는 카드를 바라보았다.

故說 般若波羅蜜多呪 卽說呪曰 揭諦揭諦 波羅揭諦 波羅僧揭諦 苦提娑
고설 반야바라밀다주 즉설주왈 아제아제 바라아제 바라승아제 모지사
婆詞(3번)
바하

이에 반야바라밀다주를 말하리라. 아제아제 바라아제 바라승아제 모지사바하 아제아제 바라아제 바라승아제 모지사바하 아제아제 바라아제 바라승아

붓다가 말했다.

"지금까지『반야심경』에서 말한 내용이 모두 '반야바라밀주'에 응축되어 있다네. 그 주문이 바로 '아제아제 바라아제 바라승아제 모지사바하' 인 걸세. 이것은 본래 산스크리트어로 '가테 가테 파라가테 파라상가테 보디스바하' 일세. 그 의미는 '가세 가세 저 언덕(피안)으로 가세. 우리 함께 저 언덕으로 가세. 깨달음이여, 영원하라!' 일세. 자네 주문의 힘은 잘 알지? 자네가 반야바라밀주를 진심으로 외우면 자네가 겪는 고통의 현실을 극복할 수 있다네. 그러니까 자네가『반야심경』전체를 외우면 현실 고를 탈피해 깨달음으로 나아갈 수 있단 말이네."

그러면서 붓다가 내게 말했다.

"내 앞에서『반야심경』을 외워 보는 게 어떤가?"

"고향 제주에 있을 때 외우긴 했는데 지금은 가물가물합니다."

"아냐, 오늘 여러 차례 봤으가 한번 해보면 막힘 없이 나올 걸세."

나는 호흡을 가다듬었다.

"그럼, 붓다님만 믿을게요."

그리곤 나는 마음을 모으고 명상 상태에 돌입했다. 주변의 시끄러운 음악 소리가 신경을 거슬렸다. 나는 오랫동안 해온 대로 마음을 가라앉히고 나서 외웠다.

마하반야 바라밀다 심경

관자재보살 행심반야바라밀다시 조견오온개공 도일체고액

사리자 색불이공 공불이색 색즉시공 공즉시색 수상행식 역부여시

사리자 시제법공상 불생불명 불구부정 부증불감 시고

공중무색 무수상행식 무안이비설신의 무색성향미촉법 무안계 내지

무의식계 무무명 역무무명진 내지 무노사 역무노사진

무고집멸도 무지역무득 이무소득고 보리살타 의반야바라밀다고 심무가애

무가애고 무유공포 원리전도몽상 구경열반 삼세제불 의반야바라밀다고

득아뇩다라삼먁삼보리 고지 반야바라밀다 시대신주 시대명주

시무상주 시무등등주 능제일체고 진실불허 고설 반야바라밀다주 즉설주왈

아제아제 바라아제 바라승아제 모지사바하

아제아제 바라아제 바라승아제 모지사바하

아제아제 바라아제 바라승아제 모지사바하

……

『반야심경』이 막힘 없이 봇물 터지듯이 나왔다. 몇 번이고 나왔다. 몽롱한 가운데에서 어느 순간 정신이 들어 『반야심경』을 끝마치고 눈을 떴다. 내 곁에 있던 붓다가 보이지 않았다. 붓다가 있던 자리에는 가로등 불빛이 내리

비치고 있었다.

　나는 내 손을 내려다보았다. 손에 차곡차곡 채워져 있던 카드도 온데간데 없었다. 내 귓전에는 내가 외운 『반야심경』이 계속해서 메아리쳐왔다.

　주변에선 여전히 시끄러운 음악 소리가 퍼져 나왔다. 그런데 이상하게도 좀 전하고 달리 시끄러움이 거슬리지 않았다. 가슴에서 박하향이 탁 터져 나오는 듯했다. 주변이 반짝반짝 빛이 나는 듯했다.

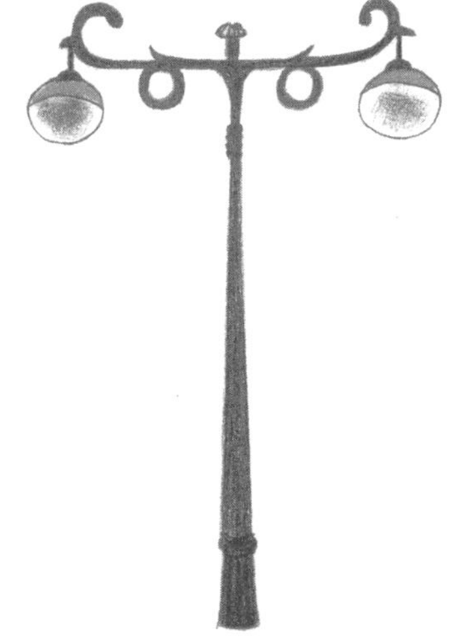

The Great Day
With
Buddha

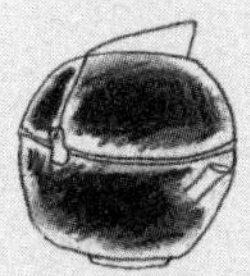

Part 10

그리운 나의 붓다

그 뒤로 붓다는 내게 다시 찾아오지 않았다. 내가 목이 메이게 외쳐도 붓다는 기척이 없다. 붓다가 나와 함께한 위대한 하루를 뒤로 하고 쏜살같이 4개월이 흘렀다. 역시나 난 강단에서 자리를 잃고 패대기쳐졌다.

국회에서 이번에 비정규직법을 통과시킬까 말까 '농담 따먹기'를 하는 사이에 냉정하게 나는 강단의 미아가 되어 버렸다. 방학 동안 새 벌이를 찾느라 이리 뛰고 저리 뛰었고, 인터넷으로 온갖 일자리를 알아보았다. 내게 맞는 일자리를 찾기 힘들었지만, 희망의 끈은 놓지 않았다.

그 가운데 내 짧은 강의 경력을 활용할 수 있는 일자리가 하나 생길 뻔 했다. 공무원 국어과목 강사 자리였다.

하지만 그날 최악의 컨디션으로 시강을 했다. 나의 형편없는 강의는 낱낱이 동영상으로 촬영되었다. 그날따라 강의 중에 핸드폰이 울리는 해프닝이 벌어졌다.

일주일 후 관계자의 "강의 평가 점수가 제일 낮습니다"는 평가가 나왔다.

나는 재빠르게 다른 곳을 알아보았다. 시강 중에 내 핸드폰을 울린 곳이었다. 그곳은 신개념 학습 센터였다.

"선생님, 참 많은 책을 작업하셨네요."

인상이 좋은 여원장이었다. 허나 마지막으로 이런 말이 나왔다.

"현재는 초등학생 대상의 책을 준비하고 있는 관계로 다음에 선생님에게 맞는 책이 기획되면 연락드리겠습니다."

내가 이곳 저곳 가리지 않고 경력서를 들이민 게 잘못이라면 잘못이었다.

"왜, 불러 놓고 아니라고 하는 거예욧!"

이런 말을 할 수 없는 구조였다. 그리하여 처참하게도 내리 4개월 수입이 없는 채로 추석을 맞이하고야 말았다! 환한 대낮에 밖으로 나오기만 하면 눈가에 눈물이 촉촉해졌다. 환한 대낮이 저주스럽게 보였고, 내 신세가 너무나 한심하고도 처량하게 여겨졌다.

날이 어두워지는 때를 이용해 비실비실 학교 연구실로 왔다. 혹시나 '백수 강사'를 누군가 알아보기라도 할까 봐. 아무도 없는 연구실에서 벌써 찬바람이 창틈으로 쌩쌩거린다. '휘이이잉-' 문틈으로 나오는 소리가 더 고통스럽다. 내 최후의 순간을 알리는 휘파람 같다.

책은 눈에 들어오지 않았다. 나는 의자에 앉은 채로 눈을 감았다. 『반야심경』을 외웠다. 그날 이후로 날마다 붓다의 목소리가 내 귓가를 떠나지 않았다. 내게도 그런 행운이 있었다는 게 너무나 고마웠다. 하찮고도 변변찮은 나를 위해준 붓다가 너무나 고맙다. 붓다가 나에게 일러준 『반야심경』은 마음을 안정되게 해주었다.

이제는 누구를 향한 원망, 분노가 없어진 듯했다. 나의 암담한 미래에 대한 지나친 걱정에서도 조금이나마 풀려나는 듯했다. 여전히 빈궁한 생활은 지속되지만.

'설마 전직 대학강사가 굶어죽기야 하겠어?'

이렇게 뇌까리면서 안정과 휴식을 취한다. 하지만 얼마전에 대학가를 떠들썩하게 했던 신문기사가 나의 목을 죄어온다.

40대 여 대학강사 생활고 비관 자살

'크윽!'

이럴수록 나는 붓다의 바람과 소망에 어긋나지 않도록 해야 한다. 고로, 열심히 『반야심경』을 외운다.

'이러다가 혹시 하늘에서 금괴가 떨어질지 누가 알아?'

'혹시 붓다가 내게 시험해 보는 거 아닐까?'

'그래, 크게 성공하는 사람에게는 고난이 있는 법!'

이런 잡념에서 완전히 헤어나지 못하지만 매일 주문을 외운다. 내가 늘 하던 명상에 『반야심경』이 끼어든 셈이었다. 전과 달리 마음에 안정이 조금씩 찾아오는 것 같았다.

붓다를 만나기 5~6개월 전. 당시엔 명상을 하면 지도교수 비리 문제, 강단 퇴출, 암담한 미래가 머리를 아프게 할 정도였다. 제대로 된 명상을 못했다.

이젠, 나름 논리로 무장한 만큼 마음의 안정 속에 『반야심경』을 외운다. 목소리 작게.

'세상은 본래 공이며 연기(緣起)일 뿐이라구. 그걸 모르고 지금 세상에는 무지몽매한 중생들이 고통의 아가리에서 헤매고 있지. 어서 나도 고통 탈피, 완전 해탈로 나아가자. 아제아제 바라아제 바라승아제 모지사바하.'

추석이 지나면서 내 핸드폰이 울리는 횟수가 많아졌다. 내 폰에 입력되지 않은 곳에서 걸려온 전화들이었다. 그 가운데 하나가 올 가을 나를 벌어먹게 해줄 '의뢰인'이 될 거라 의심치 않는다.

시간이 흐르면서 점점 붓다가 보고 싶어진다. 그때 그 붓다가 내게 또다시 찾아와준다면 더할 나위 없이 행복할 것 같다. 하지만 그게 그리 쉽지 않은 일이라는 걸 안다. 붓다는 나 말고도 수많은 중생을 굽어살피고 있으니까.

이런 생각이 든다. 붓다를 만난 '위대한 하루'를 바탕으로 나만의 '붓다 일대기'를 쓸 수 있겠단 생각이 말이다. 그래, 언젠가 생활고에서 풀려나는 날, 나도 중생 구제에 한 일손 보태는 셈치고 '붓다 일대기'를 써 보리라.

붓다가 흐뭇해 할 '보시'가 되리라.

무소유의 삶?
아니, 무소유의 삶에 대한 흠모

누구나 간간히 무소유의 성자니 무소유의 스님 혹은 무소유의 철학자 등의 말을 들을 수 있다. 우리나라에서는 법정 스님이 그런 쪽으로 잘 알려져 있다. 사실 법정 스님은 대중에게 널리 알려진 경우이고, 그 분 외에도 삶과 철학을 올곧게 무소유로 일관한 사람은 우리 주위에 적지 않다.

그 가운데에서도 매서우리만치 철저히 무소유의 삶을 살다간 분이 성철 스님이다. 스님은 수십 년 간 잠을 자지 않고 수행을 했을 뿐만 아니라 10여 년 동안 입어 헤어진 옷을 수백 번 꿰매어 입고 다녔다고 한다. 스님의 경우 자신의 철학, 사상, 종교도 무소유로 일관했다는 점이 나에게 더욱 감동으로 다가온다.

유감스럽지만 한낱 범속한 대중에 불과한 나는 감히 그 높다란 무소유의 삶과 정신을 흉내도 내지 못한다. 그것을 잘 알 뿐만 아니라 그런 삶을 구태여 무리하게 살려고도 안 한다. 하지만 무소유의 삶을 살다간 사람에 대한 흠모하는 마음만큼은 가슴 깊이 간직하고 싶다. 그런 자세조차 가지지 않는다면 내 삶은 감당할 수 없을 정도로 돈과 명예와 육욕에 의해 파괴될 것을 염려하기 때문이다.

오래 전에 나는 교회도 다녀보았고, 어머니의 영향 탓에 불교에도 꽤 깊이 정서적 교감을 가지고 있었다. 하지만 사회의 다른 곳도 아닌 바로 종교 단체와 종교인들에게서 더하면 더했지 작지 않은 인간의 추악한 욕망을 보게 되면서 종교라는 것에 신물을 느끼고 말았다. 그렇지만 내 마음 한 구석 종교에 대한 갈구는 완전히 시들어 버린 것은 아니다. 종교적 심성이라고 할 수 있는 것이 나에게 어릴 때나 나이 든 지금이나 떠나지 않는데 나는 그것을 '무소유의 삶'에 대한 그리움이라고 바꾸어 보고도 싶다. 하나님과 나와의 일대일 대면 상황에서는 돈과 명예, 육욕 그리고 장수(長壽) 그 모든 것이 헛된 것에 지나지 않는다는 생각 때문이다.

내가 무소유의 삶을 실천하지는 못하면서도 계속 무소유의 삶에 관심을 가지고 있는 것은 어릴 때부터 형성된 종교적 심성 때문인지 모르겠다. 돈과 명예와 육욕은 보이는 세계의 것이라면 나는 그것 말고 그 너머의 어떤 것에 대한 동경을 간직하고 있었다. 내가 태어나고 자란 고향 제주도의 고향 슬래브 집 앞에는 푸르른 수평선이 펼쳐져 있다. 나는 어릴 때부터 그 수평선이 펼쳐진 고향 앞바다를 거닐면서 무한한 동경심에 빠지곤 했다. 고만한 나이 때의 아이들은 운동장과 동산을 무대로 마음껏 동심을 펼쳐 나갔을 것이지만 난 고향 앞 푸르른 바다를 나의 상상과 동경의 운동장으로 삼았다.

그러면서 나는 눈에 보이지 않는 세계의 질서에 탐닉하곤 했다. 교회를 다니면서, 『반야심경』을 읽으면서, 참선을 하면서 눈에 보이지 않는 세계에 대해 혼자 생각에 빠져들어 가곤 했다. 그런 나의 눈에는 현상의 질서가 크게 매력적으로 다가오지 않았다. 학교를 다니고, 우수한 성적을 내고, 대학에 진학하고, 좋은 직업을 선택하는 그 모든 일들이 마치 나와는 상관없는 일들처럼 눈 밖으로 스르르 밀려나가는 것이었다. 달려가는 고속버스 유리창 너머로 보이는 낯선 도시의 풍경이랄까, 그처럼 눈에 보이는 세계의 일들이 나에게는 다만 스쳐 지나가는 풍경에 지나지 않았다.

세월이 흘러간 아주 오랜 후에도 세계의 질서와 일과 원리는 나에게 늘 풍경으로 다가왔다. 때문에 내가 무소유의 삶과 철학의 성자(聖者)에 지대한 관심을 보이는 것은 너무나 당연하지 않을까? 내 생각엔 무소유로 한 생애를 관통해간 분들에게서 무소유의 삶은 고통스레 인내해야 할 또 다른 과제는 절대 아닐 거라는 점이다. 먹고 싶은 것, 입고 싶은 것, 눕고 싶은 것, 보고 싶은 것, 듣고 싶은 것, 말하고 싶은 것, 싸고 싶은 것 그 모든 것이 그 분들에게는 하나의 오색찬란한 빛을 발하는 거품에 지나지 않는다는 깨달음이 있기 때문이다.

여기서 하나의 예를 들어 보는 것도 좋을 듯싶다. 잘 알려진 원효 대사의 이야기이다. 원효 대사가 캄캄한 밤에 목말라서 주변에 있는 고여 있는 물을 마셨다. 그 맛은 참으로 달콤하였다. 그런데, 아침에 깨어나보니 자신이 간밤에 마신 물은 해골바가지에 들어 있었다. 그 사실을 안 원효는 속엣 것을 게워내려고 했으나 조금 후 커다란 깨달음을 얻게 된다. 이후 원효는 당나라 유학길을 포기하는 대신 모국에서 정진(精進)을 계속한다.

이 일화가 말하는 것이 무엇일까? 그것은 바로 현상 세계의 희노애락을 넘어선 이데아의 하나(一)에 대한 깨달음으로 요약할 수 있지 않을까? 더러운 것에 대한 싫어함은 역으로 깨끗하고 아름답고 향기로운 것에 대한 좋아함이다. 원효는 바로, 자신이 더러움과 깨끗함을 구별하려는 태도에서 하룻밤 사이에 얼마나 극과 극을 오갔는지를 몸소 체험한 것이다. 인간의 감각 기관으로 받아들여진 '보이는 세상'이 그럴 뿐이지, 실상 저 너머의 세계는 극과 극의 구별이 없다. 그 자체로 완전무결한 것이 사실 우리가 살고 있는 이 세상이다.

몇몇 성인들의 무소유의 삶은 나에게 그 자명한 사실을 일깨워준다. '네가 그토록 집착하는 세상의 '것'이 한낱 지푸라기에 지나지 않는 것이다' 라고. 이 지상에서 철두철미 무소유의 삶을 관통한 성인들은 그 자명한 진실을 깨달았던 것이다.

내가 무소유의 삶을 사는 대신, 다만 무소유의 삶을 흠모하는 것도 그 자명한 사실을 알고 있기 때문이다. 실상 아는 것보다 더 중요한 것은 행동을 동반하는 깨달음이지만, 아직 나에게 그 가슴 환한 깨달음은 없다. 그저 머리로 알고 있을 정도에 불과하다. 그런 가운데 살아가는 나날 동안 무소유의 향기가 내 몸에서 우러날 수 있도록 애써 볼 생각이다. 그렇게 될 경우 나는 참으로 행복해질 것이다.

| 참고 문헌 |

1. 『현대 물리학으로 풀어본 반야심경』, 불광출판사

2. 『반야심경과 마음공부』, 도서출판 무한

3. 『부처님의 생애』, 조계종출판사

4. 『불교개론』, 현암사

5. 『불교 대전』, 현암사

6. 『부처님 말씀』, 현암사

7. 『도올 김용옥의 금강경 강해』, 통나무

8. 『백석 교수의 명상 길라잡이』, 도솔

9. 『가슴을 적시는 부처님 말씀 300선』, 민족사

10.『유식의 구조』, 민족사

11.『중관사상』, 민족사

12.『인간 붓다 그 위대한 삶과 사상』, 정토출판

13.『석존의 호흡법』, 경서원

14. 동국역경원　http://www.tripitaka.or.kr/

15. 불교경전총론 http://www.sejon.or.kr/

※ 본문에 소개된 '붓다 생애 이야기'는 불교 경전을 현대적으로 의역(意譯)한 것

　임을 밝힙니다.

붓다와의 위대한 하루

초판 1쇄 펴낸날 | 2010년 5월 14일

지은이 | 고수유
펴낸이 | 이금석
기획·편집 | 박수진
디자인 | 박은정
마케팅 | 곽순식, 김선곤
물류지원 | 현란
펴낸곳 | 도서출판 무한
등록일 | 1993년 4월 2일
등록번호 | 제3-468호
주소 | 서울 마포구 서교동 469-19
전화 | 02)322-6144
팩스 | 02)325-6143
홈페이지 | www.muhan-book.co.kr
e-mail | muhanbook7@naver.com

가격 | 11,000원
ISBN| 978-89-5601-260-5 (03220)

잘못된 책은 교환해 드립니다.